王圆圆　王世谦　主编

省级能源大数据中心运营模式探索实践

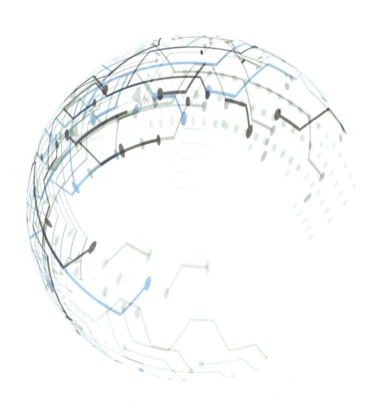

江苏大学出版社
JIANGSU UNIVERSITY PRESS

镇　江

图书在版编目(CIP)数据

省级能源大数据中心运营模式探索实践 / 王圆圆，
王世谦主编. — 镇江：江苏大学出版社，2024.5
ISBN 978-7-5684-2055-6

Ⅰ. ①省… Ⅱ. ①王… ②王… Ⅲ. ①省－能源经济
－数据处理中心－研究－中国 Ⅳ. ①F426.2

中国国家版本馆 CIP 数据核字(2023)第 249559 号

省级能源大数据中心运营模式探索实践

Shengji Nengyuan Dashuju Zhongxin Yunying Moshi Tansuo Shijian

主　　编/王圆圆　　王世谦
责任编辑/李菊萍
出版发行/江苏大学出版社
地　　址/江苏省镇江市京口区学府路 301 号(邮编：212013)
电　　话/0511-84446464(传真)
网　　址/http://press.ujs.edu.cn
排　　版/镇江市江东印刷有限责任公司
印　　刷/江苏凤凰数码印务有限公司
开　　本/718 mm×1 000 mm　1/16
印　　张/10.25
字　　数/183 千字
版　　次/2024 年 5 月第 1 版
印　　次/2024 年 5 月第 1 次印刷
书　　号/ISBN 978-7-5684-2055-6
定　　价/88.00 元

如有印装质量问题请与本社营销部联系(电话：0511-84440882)

● 本书编委会

主　　编　王圆圆　王世谦

副主编　白宏坤　姬　哲　邱国卓

委　　员（以姓氏笔画为序）

卜飞飞　于雪辉　卫一民　王　涵　王自强

牛金星　牛斌斌　田春筝　华远鹏　闫　利

李秋燕　余　滨　狄　立　宋大为　邵颖彪

罗　潘　周勇杰　赵中友　郝福忠　胡吉殿

贾一博　郭正宾　常大泳　董李峰　韩　丁

前　言

随着 5G、云计算、人工智能等先进信息通信技术、设施的迅猛发展，数据已成为最具时代特征的基础性生产要素和战略性资源，与劳动、资本、土地、知识、技术、管理等要素具有同等重要的地位。用好数据要素，可为经济社会数字化发展增添强劲动力。能源大数据中心作为国家大数据战略在能源领域的具体实践，作为能源革命和数字革命加速融合的平台载体，已成为驱动能源生产方式、消费方式、治理方式深度变革的新引擎。

目前，我国省级能源大数据中心的建设运营尚处于起步阶段。为保障能源大数据中心的健康、可持续发展，加速其向深化应用、规范发展、普惠共享的新阶段升级，亟须创新组织结构、优化运营流程、建立运营机制，构筑"战略—组织—绩效"全链条、全环节发展管理逻辑，有效克服传统运营管理模式效率、效益偏低的弊端。为此，本书立足国内省级能源大数据中心的最新发展动态，以及国内外先进企业运营管理的典型实践经验，坚持"以用户为中心"，通过系统规划和整体设计，研究设计了富有创新性、灵活性的组织和业务机制，建立了一套支持快速反应、快速推进且可复用的运营管理模式，实现了数据资源、业务资源、技术资源的复用和共享，旨在推动省级能源大数据中心运营效率提升、创新能力增强、数据倍增效应加速释放。

本书共 11 章。第 1 章介绍了数字经济与我国大数据发展概要。第 2 章介绍了能源大数据的特征、应用领域与应用价值以及能源大数据中心建设背景及意义。第 3 章介绍了我国能源大数据中心的整体建设情况及部分省级能源大数据中心的建设运行情况。第 4 章详细分析了 Supercell、京瓷、阿里巴巴、华为、京东等国内外先进企业的特色运营模式，提炼了有益经验，为省级能源大数据中心运营模式的构建提供了参考。第 5 章至第 9 章结合我国能源大数据中心发展现状，在相关理论的指导下，设计构建了适合省级能源大数据中心发展的运营模式。其中，第 5 章以省级能源大数据中心战略发展为指引，聚焦价值创造，明确省级能源大数据中心运营模式的要求和策略，设计了省级能源大数据中心运营模式的整体框架。第6章梳理了省级能源大数据中心的职能定位和管理界面，构建了省级能源大数据中心的组织架构。第7章重组了省级能源大数据中心的运营流程，构建了以能力沉淀、服务重用、创新推动为特点的运营流程体系。第8章对比分析了各种运营主体方式的优劣势，设计了符合省级能源大数据中心发展的运营主体方案。第9章基于省级能源大数据中心运营定位及业务拓展的需要，设计了能源大数据中心的业务范围及产品体系、盈利模式。第10章结合省级能源大数据中心的运营特点，设计构建了能源大数据中心的运营评价指标体系。第11章对全书的内容进行了总结。

由于作者的研究视野和学术水平有限，书中难免存在不妥之处，敬请读者批评指正。

目 录

第1章　数字经济与我国大数据发展概要

1.1　数字经济与数字革命

随着新一轮科技革命和产业变革的加速演进，人工智能、大数据、物联网等新技术、新应用、新业态方兴未艾，互联网迎来了更加强劲的发展动能和更加广阔的发展空间，"互联网+"加速与产业融合，数字经济已成为新发展阶段下推动经济转型、动能转换的重要引擎。

在新一轮产业革命与技术革命的推动下，我国正式迈入互联网数字经济时代。2019年10月，党的十九届四中全会首次明确提出数据可作为生产要素按贡献参与分配，这标志着数据将在国家社会的生产生活、公共服务及公共管理等方面发挥举足轻重的作用。

1.1.1　数字经济

数字经济是什么？中国信息通信研究院发布的《中国数字经济发展白皮书（2020年）》给出了解读：数字经济是以数字化的知识和信息作为关键生产要素，以数字技术为核心驱动力，以现代信息网络为重要载体，通过数字技术与实体经济深度融合，不断提高数字化、网络化、智能化水平，加速重构经济发展与治理模式的新型经济形态。《中国数字经济发展白皮书（2020年）》从生产力和生产关系的角度提出了数字经济"四化"框架，即数字产业化、产业数字化、数字化治理和数据价值化。其中，数字产业化即信息通信产业，是数字经济发展的先导产业，提供技术、产品、服务和解决方案等；产业数字化是数字经济发展的主阵地，是指传统产业应用数字技术所带来的生产数量和效率提升，新增产出构成数字经济的重要部分，是融合的经济；数字化治理是指运用数字化技术，实现行政体制更加优化的新型政府治理模式；数据价值化是数字经济发展的关键，加快推进数据价值化进程是发展数字经济的本质要求。

从整体上看，我国数字经济从消费互联网开始发展，利用庞大的网民基础及数字经济的效率优势，在提升经济效率、推动社会治理数字化等方面发挥着巨大的作用。目前，经济社会的数字化转型进程在不断加速，并呈现出"五纵三横"的新特征。"五纵"即基础设施数字化、社会治理数字化、生产方式数字化、工作方式数字化及生活方式数字化；"三横"即线上化、智能化和云化。2021年政府工作报告中提出，要打造数字经济新优势，协同推进数字产业化和产业数字化转型；《中华人民共和国国民经济和社会发展第十四个五年规划和2035年远景目标纲要》中提出，要打造数字经济新优势，加快推动数字产业化，推进产业数字化转型。

国家统计局发布的数据显示，2015—2020年，我国经济发展新动能指数从119.6增长到440.3（以2014年为100），分别比上年增长19.6%、22.8%、30.2%、34.9%、26.2%和35.3%。从新动能指数的分项来看，代表数字经济的网络经济指数增长最快，对总指数增长的贡献最大，2020年网络经济指数对总指数增长的贡献率为81.7%。2020年我国"三新"（新产业、新业态、新商业模式）经济增加值为16.9万亿元，占GDP的比重为17.08%，占GDP的比重较2017年增长了1.38个百分点，平均每年增长0.4个百分点。由此可见，数字经济已成为中国经济增长的重要动能。新冠疫情发生以来，数字经济更是为经济增长提供了强有力的支撑。电子设备制造、软件和信息技术服务业等2021年以来增长速度均达到20%，明显高于GDP的增长率，对经济增长的贡献度日益提高。

近10年来，我国数字经济规模在不断扩张，所占GDP总比重也在不断增加，加之疫情防控等对数字经济发展在一定程度上的推动作用，在"后疫情时代"，我国数字经济发展规模预计仍会不断增大，这也是数字经济发展的必然趋势。

（1）产业数字化转型加速

伴随着工业互联网、智能制造等技术的迅速发展，制造业开始进入体制转型期，以物联网、数据驱动、软件定义和平台支撑为核心的技术将成为制造业发展的新形式。首先，我国在智能制造方面的发展一直稳步向前，以智能化工业装备和数字化工厂等为核心的智能制造将成为我国数字经济发展的主攻方向，这将显著提高制造业向数字化转型的速度。其次，在工业互联网进入快速发展阶段的同时，工业互联网平台将加速应用创新和推广，从而进一步重构智能产业体系，增强制造业提高质量和效率的能力。

（2）数字产业化规模扩大

数字经济产业主要包括数字产品制造业、数字产品服务业、数字技术应用业、数字要素驱动业、数字化效率提升业等。在新冠疫情冲击下，数字经济产业为大数据、人工智能、5G 的高速发展创造了先发优势。因而，我国在"后疫情时代"仍然需要坚持发展基础行业，巩固优势产业，进一步加快构建以开发、利用数字资源为核心的大数据产业链，加快推进数字经济资源与各类别产业的融合发展，进一步提升我国的数字产业、数字技术、数字资源与民生应用、公众获得感的融合度，为我国数字产业进军国际市场奠定坚实的基础。

（3）数字化治理模式创新

新冠疫情的突发间接加速了我国政府治理模式的数字化转型。在"后疫情时代"，我国数字化治理呈现出模式不断创新的发展趋势。其一，政府将进一步创新数据资源开放共享模式，通过大数据和人工智能等的应用，为人民群众搭建起信息资源共享的平台，从而推进跨部门、跨区域的整体业务合作。其二，数字化服务必将迎来一个新的发展阶段，主要围绕深化改革、优化办公环境、简化办公程序以便企业和群众办事等发展。其三，我国应急产业管理数字化水平将进一步提高，逐步建立"平战结合，高效互补，相互支持，按需开放"的数字化应急管理体系。

1.1.2　数字革命

数字革命是指依托先进的通信技术、互联网技术等信息化技术的推广与应用，通过挖掘与外化数字信息内含的价值，推动数字信息向要素化、商品化、产业化等方向发展，从而推动经济社会各个领域的发展与变革，它已成为新一轮工业革命的重要组成部分。习近平总书记强调，在全球信息领域，创新链、产业链、价值链整合能力越来越成为决定成败的关键。数据信息是重要的生产要素，数据革命应通过挖掘数据信息的潜在价值，引领技术流、资金流、人才流等方面的变革，为社会经济发展注入新动能。

2010 年左右，"大数据"一词真正流行起来，它以更快的速度、不断增加的体量产生出种类多样的数据，通过数据分析和处理技术，能够快速挖掘出有用信息，剔除无效数据，并将结果反馈到决策层，从而创造出巨大的经济和社会价值。

1.2 我国大数据发展概要

1.2.1 我国大数据发展阶段

中国电子信息产业发展研究院根据我国大数据发展状况认为，我国大数据发展经历了三个阶段，即成长期、爆发期和快速发展期。

（1）成长期（2010—2012年）

据中国互联网络信息中心统计数据，截至2009年12月底，中国网民规模达到3.84亿人，互联网数据呈爆发式增长。2011年11月，我国工业和信息化部印发《物联网"十二五"发展规划》，提出把信息处理技术作为4项关键技术创新工程之一；2012年7月，国务院印发《"十二五"国家战略性新兴产业发展规划》，提出"加强以网络化操作系统、海量数据处理软件等为代表的基础软件、云计算软件、工业软件、智能终端软件、信息安全软件等关键软件的开发"。此阶段大数据市场迅速成长，伴随着互联网的成熟，大数据技术逐渐被大众熟悉和应用。

（2）爆发期（2013—2015年）

2013年以来，国家自然科学基金、973计划、核高基（核心电子器件、高端通用芯片及基础软件产品）、863计划等重大研究项目和计划均把大数据列为重大的研究课题；2014年，"大数据"首次被写入我国政府工作报告，大数据战略上升为国家战略；2015年4月，全国首家大数据交易所（贵阳大数据交易所）正式挂牌运营；2015年8月，国务院发布《促进大数据发展行动纲要》，这是指导中国大数据发展的国家顶层设计和总体部署。

（3）快速发展期（2016年至今）

2016年2月，国家发展和改革委员会（以下简称国家发展改革委）、工业和信息化部（以下简称工信部）、中央网信办同意贵州省成立国家级大数据综合试验区；2017年1月，工业和信息化部印发《大数据产业发展规划（2016—2020年）》，提出以"创新驱动、应用引领、开放共享、统筹协调、安全规范"为原则，建设技术先进、应用繁荣、保障有力的大数据产业体系。2018年，我国建成首个以政府为主导的数据共享开放平台，打通政府部门、企事业单位间的数据壁垒，并在部分领域开展应用试点。截至2019年上半年，我国已有82个省级、副省级和地级政府上线了数据开放平台。2021 年，工信部副部长在中国国际大数据产业博览会上公布，我国 2020 年大数据产业规模超 1 万亿元。2022 年，中国大数据产业规模达 1.57 亿元。大数据产业发展迎来了高速发展期，国内金融、政务、电信、物流等领域中大数据应用的价值不断凸显，大数据管理机构陆续成立，相关体制机制逐步完善。

1.2.2　我国大数据发展现状

1）我国大数据发展特点

自 2010 年大数据概念开始普及，在电信、互联网、金融、电商等信息化领先行业的引导和带动下，国内大数据领域聚集了 BAT［百度（Baidu）、阿里巴巴（Alibaba）、腾讯（Tencent）］等龙头企业和数百家中小及初创企业，在大数据产业的主要环节完成了初步布局，产品和服务供应链能够满足基本数据生产加工的全生命周期覆盖。经过多年的持续发展，我国的大数据发展呈现出以下几个特点。

（1）逐步形成产业集聚

京津冀地区依托北京，尤其是中关村在信息产业中的领先优势，培育了一大批大数据企业，是目前我国大数据企业最多的地方。部分大数据企业扩散到天津和河北等地，形成了京津冀大数据走廊格局。珠三角地区依托广州、深圳等地区的电子信息产业优势，发挥广州和深圳两个国家超级计算中心的集聚作用，在腾讯、华为、中兴等一批骨干企业的带动下，逐渐形成了大数据集聚发展的趋势。长三角地区依托上海、杭州、南京，将大数据与当地智慧城市、云计算发展紧密结合，吸引了大批大数据企业，促进了产业发展。上海发布的《上海推进大数据研究与发展三年行动计划（2013—2015 年）》，推动了大数据在城市管理和民生服务领域的应用。大西南地区以贵州、重庆为代表城市，通过积极吸引国内外龙头骨干企业，实现了大数据产业在当地的快速发展。贵州率先把握大数据发展机遇，充分发挥其发展大数据产业所独具的生态优势、能源优势、区位优势及战略优势，启动首个国家大数据综合试验区、国家大数据产业集聚区和国家大数据产业技术创新试验区，建成全国第一个省级政府数据集聚共享开放的统一云平台。

（2）开放呈现服务化趋势

随着大数据产业参与主体的逐渐增多，我国的数据开放程度得到了普遍提升。数据开放先期主要集中在部分信息化基础较好的行业（如互联网、交通出行、教育科研等行业）及经济发达地区，然后从信息经济较发达地区的先行先试逐渐向周边省、市辐射扩散。第三方数据交易平台的不断涌现，逐步填补了居间服务的市场空白。一些早期的数据交易平台逐渐从单一的居间服务商向数据资源综合服务商转型。

（3）平台技术

随着大规模数据存储和处理需求的快速增长，以华为、BAT、浪潮等为代表的云计算服务提供商，依托自身的优势资源完成了向数据驱动企业的战略转型。华为的分布式存储管理系统为异构海量数据的存储管理提供了弹性可扩展的技术保障。百度凭借其长期积累的用户搜索记录推出了百度数据开放平台，通过百度搜索提供"即搜即得"的高效数据服务。阿里云从基础的弹性资源供给逐渐扩展服务类型，研发并提供了支持 PB 级数据存储的分布式关系型数据库等一系列数据支撑产品。

2）我国大数据建设成就

目前，我国大数据技术在体系结构方面已经趋于成熟，在数据存储、数据分析、数据呈现和数据应用等方面形成了一整套技术框架，相关的技术生态也在不断完善中。国内大型科技公司，如华为、腾讯等已逐渐建成适合自身业务体系的独特的大数据平台。

科研投入方面，国家科技计划在大规模集群计算、服务器、处理器芯片、基础软件等方面系统性部署的研发任务成绩斐然；"十三五"期间国家重点研发计划中实施了"云计算和大数据"重点专项，科技创新 2030 大数据重大项目也在筹划、部署中。

科研成果方面，我国在大数据内存计算、协处理芯片、分析方法等方面突破了一些关键技术，其中数据互操作技术和互联网大数据应用技术已处于国际领先水平；在大数据存储、处理方面研发了一些重要产品，有效地支撑了大数据应用。其中，国内互联网公司推出的大数据平台和服务的处理能力跻身世界前列。

3）我国大数据发展展望

2020 年，工信部发布《关于工业大数据发展的指导意见》（以下简称《意见》），指出未来 3~5 年，随着 5G、工业互联网、人工智能等的发展，工业大数据将从探索起步阶段迈入纵深发展阶段，迎来快速发展的机遇期，全球工业大数据的竞争也将变得更为激烈。

在工业数据采集汇聚方面，《意见》部署了 3 项重点任务，推动全面采集、高效互通和高质量汇聚，为形成完整贯通的高质量数据链，更好地支撑企业在整体层面和产业链维度推动全局性数字化转型奠定基础。

在促进工业数据共享流通方面，《意见》部署了 2 项重点任务，通过探索建立工业数据空间、加快区块链等技术在数据流通中的应用和完善工业大数据资产价值评估体系等方式，从技术手段、定价机制、交易规则等多个方面着手，激发工业数据市场活力，促进数据市场化配置。

在工业企业数据投入、数据应用方面，《意见》部署了 4 项重点任务，通过在需求端组织开展工业大数据应用试点示范、开展工业大数据竞赛等手段，解决不想用、不敢用等问题；通过在供给端培育海量工业 App、培育工业大数据解决方案供应商、向中小企业开放数据服务、培育良好安全产业生态等手段，降低企业数据应用的成本投入，消除专业壁垒，解决不会用、不敢用等问题。供需双向发力，共同推动工业大数据全面深度应用。

第 2 章　能源数字转型与能源大数据中心建设

2.1　能源革命与能源数字转型

随着"大云物移智链"等信息技术、智能技术与能源产业相融合，能源领域的数字化、智能化水平不断提升。我国能源正处于转型发展的关键时期，面临着前所未有的机遇和挑战。以新能源和信息技术深度融合为特征的能源革命正推动人类社会构建全新的能源体系。能源大数据是能源技术和信息通信技术的融合应用，是智能化价值形态的跃升，作为"能源大数据"的载体，能源大数据中心建设运营得好，可推动能源资源合理配置和利用，有效支撑能源互联网新业态健康、可持续发展。

2.1.1　能源革命

自 2014 年 6 月习近平总书记在中央财经领导小组工作会议上提出能源安全新战略以来，我国在能源生产、消费、体制改革与技术创新领域取得了一定成绩，但在当前经济转型升级和能源结构转型、消费模式转变的新形势下，我国能源革命仍面临诸多挑战。数字革命以现代网络为载体，通过"大云物移智链"等先进信息技术在传统能源电力行业的应用，加速信息技术与能源电力行业的深度融合，引导能源电力行业向数字化、智能化及网络化转型发展，为传统能源电力行业全方位、全链条的产业升级、业态创新、服务拓展及生态构建提供了全新的发展空间。

1）数字革命助力能源生产革命

随着数字革命的深入，能源的生产和供应模式将发生显著变化。工业互联网、数字服务等新技术、新业态的发展将不断催生新的市场主体，这些主体的业务领域、产品类别、供应方式的变化将使能源生产和供应模式发生根本性改变，从而推动能源生产革命。能源生产和供应将从单一化供应模式转变为多元化供应模式，主要包括供应主体的多元化、能源产品的多元化和业务结构的多元化等。例如，数字革命将助力电力系统提供更安全、更智能的输电服务，有效支撑集中式清洁能源的大规模、远距离传输，以及分布式清洁能源的规模化、经济化利用，平抑供应侧大规模清洁能源出力波动性和需求侧电力消费不确定性等双侧随机性对系统运行带来的冲击，从而优化能源生产和供应模式，提高能源系统中清洁能源的生产和供应比例。

2）数字革命助力能源消费革命

数字革命赋予用户更广泛的消费知情权和选择权，新业态、新模式将不断涌现。通过"大云物移智链"等信息技术及智能化终端设备在能源电力行业的应用，将实现能源供给及消耗的全面监测，从而支撑综合能效分析和多环节协调管控优化；通过智能化的综合能源服务管理系统，可动态调整能源系统的供能策略和用能策略，最终实现能源电力系统的优化运行与效率提升。终端消费用户可即时接收和处理信息，实现对自身能效水平的即时、全面感知，并根据市场信息做出用能时间、用能品种等多样化决策。传统的"物理能源"消费理念将逐步过渡到"能源、信息、服务"综合消费理念，催生出更加丰富多元的能源消费类型。

3）数字革命助力能源技术革命

数字革命将进一步推动工业互联网与能源电力系统融合，原有能源电力系统运行与管理模式将向高度智能化、精确化和标准化方向转变。数字革命也将推动能源领域的技术框架和信息通信领域的技术体系紧密融合，带动能源区块链等一批新技术的发展和应用。一是边缘层的系统末梢信息数据实现即时采集，设备级乃至元件级的信息能够被即时感知；二是基础设施层（IaaS）的能源电力信息实现即时、安全传输，"源网荷储"各环节、各主体的信息将能够被实时送达；三是平台层（PaaS）的能源电力信息实现大规模、标准化存储和智能化处理，各主体、各业务领域的信息数据将被统一、智能、规范管理；四是应用层（SaaS）的能源电力信息实现有效应用，数据服务与数据应用将支撑现代能源体系及能源互联网生态圈的构建、优化运行及多种新兴业务的开展，从而推动和支撑能源技术革命。

4）数字革命助力能源体制革命

依托数字革命，依照"平台+生态"思路，发展共享经济和平台经济，可实现能源电力产业链上下游及周边产业各类主体协调发展，创新能源行业的运营管理机制，建设共享共赢能源互联网生态圈，并覆盖能源供给侧—输送环节—消费侧各环节的企业、用户，以及上下游的设备制造商、互联网公司、政府部门、科研院所、金融企业等主体。建设能源互联网生态圈就是要发挥各类主体的优势，打通服务流、信息流、资金流，提高能源资源要素配置效率，为能源行业转型升级和能源互联网的快速发展打造良好平台，以共享经济、平台经济的发展模式支撑能源体制革命。

2.1.2 能源数字转型

能源与信息技术的融合是新一轮产业革命的动力，解决能源领域发展中遇到的问题的根本出路在于将互联网技术与能源技术相结合，在能源的生产、运输、贸易、消费和监管等方面实现智能化，打造能源共享网络。

工业 4.0 代表以大数据、云计算和人工智能为核心的新技术革命。在新技术革命背景下，传统能源生产和服务方式将发生巨大变化。目前，世界各国都在积极促进数字转型，将大数据分析、机器学习、区块链、分布式能源管理、云计算等数字技术应用于能源生产、运输、贸易、消费和监管等各个环节。我国能源数字转型也有了一定的基础。

1）信息技术基础

信息基础建设迈出新步伐。我国 IPv6 规模部署取得长足进步，截至 2021 年年底，我国实际 IPv6 活跃用户数达 6.08 亿，占互联网网民总数的 60.11%，已申请 IPv6 地址资源总量达到 60059 块，地址资源总量位居全球第一。5G 商用全面提速，截至 2021 年 12 月底，我国已开通 5G 基站 142.5 万个，5G 移动电话用户已达到 3.55 亿户。北斗三号全球卫星导航系统开通，全球范围定位精度水平方向优于 2.5 米，垂直方向优于 5 米；北斗三号卫星核心部件国产化率 100%，北斗相关产品已出口 120 余个国家和地区。

信息技术创新取得新进步。创新驱动发展战略深入实施，世界知识产权组织公布的全球创新指数显示，中国排名从 2015 年的第 29 位跃升至 2020 年的第 14 位，连续 4 年保持上升势头。信息领域部分关键核心技术取得突破，基础性、战略性技术产业发展和配套产业链建设不断优化。

数字经济发展再上新台阶。2020 年，我国数字经济保持快速增长，质量效益明显提升，数字经济规模达到 39.2 万亿元，占 GDP 比重达 38.6%，保持 9.7% 的高位增长速度，成为稳定经济增长的关键动力；我国数字产业化规模已达 7.5 万亿元，并不断催生新产业、新形式、新模式，向全球高端产业链延伸；产业数字化进程继续加快，规模达到 31.7 万亿元，工农业和服务业数字化水平持续提高。综上，我国数字经济结构持续优化升级，在数字经济发展中的主引擎地位进一步巩固，向高质量发展迈出新步伐。

2）先进大数据技术基础

大数据和物联网成为核心基础设施。能源大数据中心和智能物联网作为能源行业的新型基础设施，将为创新能源系统控制和优化运行、实现横向多能互补和纵向"源网荷储一体化利用"、突破能源互联网发展瓶颈等提供重要支撑。人工智能和云计算改变了系统运行和控制方式，工业级机器自主学习可以实现能源流的智能分析与管理，云计算可提供实时在线监控和动态优化，促进能源系统运行、控制方式和运营模式升级，智慧电厂、智能电网、智能家居、智能合约和智慧环保等也将快速发展。

5G 技术改变了能源生产和传输模式。随着 5G 技术和物联网技术逐渐成熟，能源行业将构建起数百亿能源设备和终端互联互通、数据毫秒级实时传输的工业物联网，5G 技术与分布式新能源、新型储能的融合应用，将促进分布式电源、储能、微电网、虚拟电厂等实现更大的发展。

区块链技术改变了能源生产、交易、消费模式。区块链是分布式数据存储、点对点传输、共识机制、加密算法等计算机技术的新型应用模式。利用区块链技术，能源交易主体可以实现点对点能源产品生产、交易和基础设施共享，并可延伸到微电网、能源交易与结算、能源金融、碳排放及 V2G（电动汽车入网）等互联场景，从而满足市场工信、市场监管等需求。

2.1.3　能源互联网开启能源数字新模式

随着能源供给与能源消费结构的转变，能源系统要深入融合可再生能源与互联网信息技术形成新的发展模式，以实现能源清洁低碳替代和高效可持续发展。美国学者杰里米·里夫金（Jeremy Rifkin）在其著作《第三次工业革命》（中信出版社，2012 年）中预言，以新能源技术和信息技术的深入结合为特征，一种新的能源利用体系即将出现，并将他所设想的这一新的能源体系命名为能源互联网（energy internet）。

能源互联网是新型电力电子技术、信息技术、分布式发电技术、可再生能源发电技术和储能技术的有机结合，是在现有能源供给系统与配电网的基础上，通过应用先进的电力电子技术和信息技术，并深入融合新能源技术与互联网技术，将大量分布式能量采集装置和分布式能量储存装置互联起来，实现能量和信息双向流动的能源对等交换和共享网络。以可再生能源发电为基础构建的能源互联网络，通过智能能量管理系统实现实时、高速、双向的电力数据读取和可再生能源接入。在能源互联网背景下，能源体系将呈现如下新特征：

能源来源类型多样。能源互联网电源体系包括常规能源、大规模新能源和大容量储能，以可再生能源发电的广泛应用为基础，包容多种不同类型的发电形式。可再生能源发电具有模糊性和随机性，其大规模接入会对电网的稳定性产生冲击，从而促使传统的能源网络转型为能源互联网。

能源地域分布广阔。可再生能源具有较强的地域性特点，来源分散，不易输送。为了最高效地收集和使用可再生能源，需要建立就地收集、存储和使用能源的网络，这些能源网络单个规模小，分布范围广，每个微型能源网络构成能源互联网的一个节点。

不同能源间互联。能源互联网以大规模分布式电源应用为基础，然而大部分微型能源网络并不能保证自给自足，因此，需要将分布广泛的微型能源网络互联起来进行能量交换。能源互联网在传统电网的基础上将分布式发电、储能、智能输配电和智能用电组成的微型能源网络互联起来。

能源网络共享开放。能源互联网不仅具备传统电网的供电功能，还提供能源共享的公共平台，系统支持小容量可再生能源发电，智能家电、电动汽车等可随时接入和切出，真正做到即插即用。在能源互联网中，用户不仅是电能的使用者，而且是电能的创造者，可以没有任何阻碍地将电能传送到能源互联网上并取得相应的回报。

系统利用效率高。能源互联网通过智能代理终端实现能源供给侧与用户设备之间行为的交互，引入先进 IT 和监控技术，既可以对能源系统运行状态进行精确估计，也可以对负荷、发电端、储能装置等进行实时监控和管理，合理优化配置能源资源，提高单品种能源的利用效率，降低运行成本。

新型基础设施建设与传统能源系统有效融合。传统能源基础设施投资大，因此，在能源互联网结构中应充分考虑对传统能源基础设施进行改造，并将微型能源网络融入传统能源系统中形成新型的大范围分布式能源共享互联网络。

能源互联网以分布式可再生能源发电的大量应用为基础，以建立智能型绿色电网为目标，具有绿色、环保的特点，既有利于我国优化能源结构，也是构建资源节约型与环境友好型社会的基石。

2.1.4 能源大数据支撑能源数字新发展①

能源互联网为能源的高效开发利用提供了平台，大数据在其中发挥重要的支撑作用。能源互联网涉及数以亿计的设备、机器和系统，这些设备、机器和系统在规划和运行过程中产生大量的数据，贯穿于能源生产、能源传输、能源交易、能源消费等各个环节。能源互联网的复杂性和开放度很高，由于受到各种内外部因素影响，一些错综复杂的关系难以用精确的物理模型进行描述和分析，而基于大数据分析的方法往往行之有效。通过大数据分析，可对能源生产、配送、转换和消费等各个阶段进行科学预测，实现分散和集中相协调的能源管理，及时发现各环节的潜在风险，在确保能源体系安全和经济运行的同时，催生能源互联网新业态、新模式，推动能源产业健康、可持续发展。

能源大数据不仅包含能源类数据，还包含大量其他类别的结构化/非结构化数据，如资源环境数据、经济社会数据等。能源大数据的采集与融合包括以下内容：① 借助综合感知设备采集能源数据，包括燃气网、热力网、电网等来源的信息，如储能、微燃机、空气源热泵、太阳能、生物质能、电动汽车充电桩等信息；② 从电力运行、管理系统集成能源类数据，包括调度自动化系统、配网自动化系统、用电管理系统、智能电表（AMI）、地理信息系统（GIS）等；③ 从外部系统采集能源相关数据，主要包括从统计部门网站和数据库采集宏观经济数据，从气象部门网站和数据库采集气候气象数据，从政府部门网站和数据库采集相关法律法规数据，等等。

能源大数据处理的关键技术之一是高效、可靠、低成本的存储与管理模式，这一技术也是进行数据深度挖掘和科学分析的基础和保障。能源大数据的存储与管理，软件层面要能存储结构化数据、半结构化数据、非结构化数据，硬件层面则需要合理利用底层的物理设备性能，满足上层应用对存储性能和可靠性的要求。

能源大数据处理的另一个关键技术是发掘数据价值、支撑优化分析、辅助科学决策。对于规模巨大、结构复杂、变化迅速、价值稀疏的能源大

① 郑晓东，胡汉辉，赵林度，等. 中国能源大数据获取分析机制研究及实现 [J]. 电力科学与工程，2017，33（9）：1-7.

数据，其处理亦面临计算复杂度高、任务周期长、实时性要求高等难题。为解决这些难题，不仅要引入互联网大数据处理技术来提高数据计算与处理能力，还需要立足能源系统业务需求，梳理分析能源行业特色，拓展创新能源领域的应用方向。大数据与能源行业的融合应用主要体现在以下几个领域：

能源系统与大数据的结合。以电为中心、以清洁化与智能化为特征的能源革命正在推动能源生产、消费和管理模式的重大变革，促进各类数据资源整合，这种整合覆盖电力系统、供热（冷）系统、燃气系统、燃油系统，以及气象、经济、交通等非能源系统，涉及能源的生产、转换、传输、交易、存储、消费等各个环节。例如，建设基于互联网的智慧用能的量测与交易平台，基于智能园区、工厂与智能楼宇的能源综合服务中心，实现多种能源的智能互补运行；鼓励园区、企业、个人用户与发电、储电、储热、储冷、储氢等多类型的分布式储能资源中心通过微网平衡市场进行局部自主交易，提供紧急备用、调峰、调频等增值服务。

智能电网与大数据的结合。智能电网与各种新能源及用电技术的关联逐步深入。大规模风光电的接入大大增加了电力生产的不确定性及电网运行的难度，大规模电动汽车（electric vehicle，EV）的充放电又增加了电力消费的随机性，发、输、配、用、储等各个环节内的不确定因素及其交互影响越来越复杂。利用大数据实时监测技术，鼓励用户参与电力需求响应，自主灵活提供能量响应、调频、调峰等能源服务，可实现 EV 与新能源的协同优化运行；服务电网优化调度运行，可提高电力系统运行效率，为用户提供最佳用电方案，并引导用户优化用电曲线。大数据技术成为提高电力利用效率及防御大停电事故的基础，未来用户对于能源的利用会有更多经济性选择。

新能源发电与大数据的结合。风电、光伏行业利用大数据技术进行分布式风机、光伏板运行在线监测，周期性或瞬时采集和在线分析数据，系统遇问题会自动发出警报，允许维护人员查看和管理数据，这大大简化了传统大规模监测系统的人财物部署。

石油、天然气产业链与大数据的结合。在油气勘探开发的过程中，可以利用大数据分析的方法寻找生产增长点，利用大数据平台提高炼油厂炼化效率，帮助下游销售分析消费规律，优化库存，确定最佳促销方案。

环境监测与大数据的结合。人类活动产生的排放若超过生态系统自修复能力，就会破坏其平衡，失衡的生态系统将以频发极端气候等方式影响人类正常生产生活。及时获取环境监测信息，包括污染程度、类型、分布区域、危害、波及人数等数据，可在大数据支持下综合分析风险并进行预警，通过排放权市场及相应监管来降低环境污染风险。

管理决策与大数据的结合。政府、能源企业的一些重要管理决策的制定应该从当前基于主观意愿的经验模式，转为基于大数据分析的混合仿真模式，通过大数据技术来优化决策的科学性。

2.1.5　能源数字经济赋能传统能源新跨越

在能源技术和信息通信技术融合应用的背景下，数字技术成为引领能源技术及产业变革、实现创新驱动发展的原动力，能源行业加快向数字化、网络化和智能化转型，催生了新的经济发展形态——能源数字经济。能源数字经济是以新发展理念为引领，以现代能源网络和信息网络为主要载体，以能源技术和信息通信技术融合应用为重要推动力，以提高全要素生产率、推动高质量发展为目标，促进形成协同、创新、绿色、高效的发展模式的一种经济形态。

随着能源数字经济的发展，能源系统将呈现智能化特征。传统能源系统在供需平衡约束下的生产和消费方式将发生变革，能源能够跨越时间和空间进行控制、管理和交易，这为解决传统系统运行难、调控难等问题提供了在线化、可视化的手段。同时，利用人工智能、机器学习等开展智能化操作，可实现能源系统虚实互动、智能决策。

能源数字经济赋予能源平台化特征，可实现信息能量价值的汇聚和再分配。传统能源系统存在"条块分割"的状况，不同能源系统、利用环节之间存在壁垒。能源数字经济的发展将实现供需两侧信息的及时传递，能源系统的运行状态也可通过监控实现有效调控。传统能源主体之间的行业壁垒将逐渐被打破，数据、技术等生产要素将得到高效流通、共享和复用，市场对资源调配的作用将得以充分发挥。

在能源数字经济背景下，能源系统各主体有序参与，形成共建共享生态圈。随着数字技术的应用，能源系统的不确定性增加，主体形式也愈加多样。能源数字经济的发展涉及基础创新、技术创新、体制创新、应用创新等，各方面相互融合、相互支撑形成新的发展生态。市场各类主体在开放平等的环境下共同参与能源活动，建立起共享共赢的发展模式。

2.2 能源大数据的特征、应用领域与应用价值

2.2.1 能源大数据的特征

将大数据技术应用于能源领域，是推动能源行业创新发展的趋势。能源大数据是指对电力、石油、燃气等能源领域数据及人口、地理、气象等其他领域数据进行综合采集、处理、分析与应用。能源大数据不仅是大数据技术在能源领域的深入应用，也是能源生产、消费及相关技术革命与大数据理念的深度融合，将加速推进能源行业发展及商业模式创新。

能源大数据可分为5类：能源生产数据；能源配送、转换数据；能源消费、交易和调控数据；对能源互联网有影响的社会经济环境数据；表征能源领域参与者特征的数据。

能源大数据具有如下特征：

① 体量巨大。能源大数据不仅包括与电力系统存在能源转化和互通互动的供热系统、供冷系统、燃气系统、交通系统，而且涉及在互联网思维影响和互联网技术支撑下的参与各方，因此能源大数据源范围不断扩大。

② 数据结构复杂、种类繁多。除传统的结构化数据外，能源大数据中还有大量的半结构化、非结构化数据，如客户服务中心信息系统的语音数据，设备在线监测系统中的视频数据与图像数据等。

③ 实时性要求（速度）高且体量增长快。能源的生产、转换和消费几乎在同一时间完成，因此能源大数据中包含很多实时性数据，数据的分析也往往具有实时性要求。随着智能化水平的提高，在线监测系统、现场移动检修系统及服务于各个专业的信息管理系统逐步建成与应用，能源系统产生的数据种类快速增长，体量激增。

④ 价值巨大。大数据应用贯穿能源互联网的每个环节，可对能源生产、配送、转换和消费各个阶段进行科学预测，及时发现潜在风险，保证安全性和经济性；大数据应用支撑能源互联网新业态的产生，为各方参与者提供新服务。

2.2.2　能源大数据的应用与应用领域

1) 能源大数据的应用

信息技术开创了能源大数据的智能时代，促使多种能源相融合、信息与能源相融合、多元业务相融合。

（1）实现多种能源融合

实现多种能源融合，即促进多种清洁能源与化石能源以电力为介质有机融合，实现能源的集中与分散并存的高效开发、优化配置和有效利用，更好地满足人们对能源供应充足性、清洁性的基本需求，应对气候变化和能源资源危机等问题。

风能、太阳能等可再生能源有 90% 需要转化为电能才能加以利用，波动性和随机性成为制约其大范围消纳利用的瓶颈。在智能电网的基础上，将网络范畴扩展至各类能源发电装置、各类能源使用装置及分布式能源系统，本质上是将源、网、荷、储视为系统的整体进行总体效率提升和运行控制优化，通过提高系统的可控性和控制自由度，实现供应与需求的精确匹配，提升对可再生能源的转化利用能力。对于园区或企业级用户，可为其提供一套能源供应与用户用能需求相匹配的整体解决方案，在一定程度上增强调节的可控性，这样既能满足用户用能的便捷性需求，又能提高能源利用效率。

（2）实现信息与能源融合

实现信息与能源融合，即利用先进的信息通信技术、信息物理融合技术及电力电子控制技术，大幅提高能源系统的可控性和可观性。将能源系统物理实体数字化，一方面可以利用信息系统、计算资源的高效率和低成本来提高物理系统的运行效率，产生"以软代硬"效益；另一方面可以建立实时反映能源成本和供需关系的交互媒介，产生"市场配置"效益，从而推动能源发展从原有的计划、粗放、低效方式向市场、集约、高效方式转变。

（3）实现多元业务融合

实现多元业务融合，即基于互联网连接消费者、生产者、制造商、运维商等各方主体，通过业务融合和商业模式创新，不断创造新需求的服务平台层，持续满足用户需求，实现源于用户选择性和扩展性的价值诉求，从根本上实现多种能源的深度互动，推动产业链发展，实现能源与交通、制造、信息、城市管理等领域的协同发展。

在传统能源供应服务入口处，出现了面向用户不同需求的新型业务，如电动汽车充放电、家庭能效管理、工业系统节能、能源资产管理、分布式电源并网、多网融合、虚拟电厂等。各业务由多个模块化、专业化的子服务构成，如用户行为分析、资源运行预测、融资服务、大数据分析等，各子服务之间可以面向用户需求按照不同的商业模式进行动态组合和优化协同，由此形成具有网络化聚合效应的平台服务层。

市场出现大量以用户需求为导向、以创新服务为引领的中间服务商，服务商为用户提供服务的商业模式将更加灵活多样。服务商的出现使得原有分散的用户资源集中化，形成了具有一定规模、有互动调节和博弈能力的市场参与主体。

用户侧可调资源通过服务商汇集参与市场交易，既降低了用户的用能成本，又提升了系统调节能力。以精准、便捷、经济的方式满足用户需求，可提升用户的黏性和需求满足度，这将进一步催生新的用户需求，扩大用户规模，由此形成通过业务融合和商业模式创新实现资源整合和产业培育的市场发展空间。

2）能源大数据的应用领域

2012 年中国工程院开展"能源'金三角'发展战略研究"，2014 年中国工程院启动工程科技知识中心能源大数据项目（能源专业知识服务系统）建设，确立了能源大数据的理论框架体系。

随着互联网技术逐步与能源系统相互融合，能源大数据在能源行业实现了全环节应用，在推动跨能源系统融合、提升能源行业创新支撑能力、催生智慧能源新兴业态与新经济增长点等方面发挥了积极作用，对激发能源行业的跨界融合活力与创新发展动力有重大意义。

目前，我国能源大数据主要应用于能源规划与能源政策、能源生产、能源消费、智慧能源新业态 4 个领域。

（1）能源规划与能源政策领域

能源大数据在政府决策领域的应用主要体现在能源规划与能源政策辅助决策方面。在能源规划方面，用能数据、地理地质信息及气象数据分析，可为实现能源资源的可持续开发与利用指明方向；采集区域内企业与居民的用电、用油、用气、用冷、用热等各类用能数据，利用大数据技术获取和分析用能用户的能效管理水平，可为能源系统网络规划与能源站选址布点提供技术支撑。在能源政策辅助决策方面，依托能源大数据对能源资源及用能负荷的信息挖掘与提炼，分析区域内用户的用能水平和用能特性，把握各行业经济运行态势，研究产业布局结构的合理性，可为制定经济及行业发展政策、制定新能源与电动汽车补贴方案、建立电价激励机制等国家和地方政策提供依据，也可为优化城市规划、发展智慧城市、引导新能源汽车有序发展提供重要参考。

（2）能源生产领域

在能源生产领域，可再生能源具有天然的间歇性与随机性，需要依托可靠、可信的功率预测信息合理安排电源系统运行方式，灵活地进行资源配置与规划，以有效降低可再生能源对电网的冲击影响，减少弃风弃光现象，并保证供电可靠性。大数据技术在可再生能源发电精准预测、可再生能源消纳能力提升等方面作用巨大。例如，通过利用地理、气象等大数据信息，可深入开展风场选址及延长运行设备寿命的自动发电控制等方面的应用；通过互联网整合区域内所有风场功率预测的可用数据，可改变单一风电场孤立预测的传统模式，实现预测信息的开放交互，提高可再生能源预测的精度。

（3）能源消费领域

随着能源消费侧可再生能源渗透比例的不断提高及微电网系统的逐渐成熟，能源用户逐步从传统消费者向产销者过渡。有效整合能源消费侧可再生能源发电资源、充分利用电动汽车等灵活负荷的可控特性，以及多元主体参与电力市场互动交易实现利润最大化，成为目前大数据技术在能源消费领域备受关注的热点问题。

（4）智慧能源新业态领域

随着能源大数据技术在能源系统的深度应用和拓展，其将在能源系统运行监控与运维、能源市场化交易等方面催生一批崭新的智慧能源服务新业态。在能源系统运维方面，将基于广域量测数据的态势感知技术应用于智能电网输电网络在线运行维护，可实现实时事件预警、故障定位、振荡检测等功能。此外，风电、光伏等可再生能源电站硬件繁杂、站址分散，基于大数据技术分析机组回传数据，监测各零件的磨损、疲劳情况，可实现在线预测和判定设备的运行状态，以便及早开展定向检修，防范潜在的故障发生风险。

2.2.3 能源大数据的应用价值

任何大数据都是以应用为目的的，能源大数据应用关键技术包括数据的采集及预处理、数据库存储、建模与分析、数据可视化等。建立能源大数据应用平台，可以助力能源系统协同运行、创新发展。

1）实现数据资源的集中统一管理

目前，能源领域的数据大多以分散的、碎片化的形式分布在各个业务领域、企业等，存在"信息孤岛"现象，极易造成数据的流失和破坏。通过大数据集成统一管理，有助于维护能源数据之间的有机联系，保持数据的系统性和完整性，以反映整个能源互联的真实情况。

2）辅助多源系统协同运行

在能源领域，多源系统协同优化决策的前提是对大量翔实可靠的信息进行及时处理，若缺乏全面的信息资源则可能会造成决策的偏差、失误并使管理效率低下。具体而言，能源领域存在大量分布式电源/微网/储能装置，需要实现电力与供热（冷）、供气、交通系统的互动，只有建立电力与其他能源"源网荷储"一体化运行控制系统，利用大数据技术进行分析，支持决策，才能保证多种能源系统的协同生产与运行。

3）支持能源互联网安全稳定运行

在能源互联网中，多种能源的生产、配送、转换、交易和消费复杂多变，不同环节的时空关联性增强，受外部因素影响显著，使得能源互联网的运行面临很大的不确定性。同时，社会对能源电力供应的安全性和可靠性提出了更高的要求。借助大数据技术，可对能源系统实时运行数据和历史数据进行深入挖掘分析，帮助各方更透彻地了解上下游主体的行为，掌握能源系统的动态运行规律，优化能源系统结构，提高能源互联网运行的安全性和可靠性。

4）提高能源利用效率和管理水平

利用数理统计、模式识别、神经网络、机器学习、人工智能等深度数据挖掘算法，可从海量数据中挖掘出在能源生产、传输和消费中出现能量损失的原因，为提高能源生产、传输和消费效率提供解决方案。基于天气数据、环境数据、能源互联网设备监控数据，可实现动态定容，提高设备利用率，并提高设备运检效率与运维管理水平；通过搜集、整理、分析、检索各能源消费终端、生产链等的能源信息，快速进行能源供给平衡控制，可实现能源调配，满足用户、企业、生产商、运营商等各方的需求，最大限度地避免能源浪费与低效利用。

5）催生新的商业模式

随着能源互联网的共享及开放发展，参与主体不断增多，参与的广度与深度不断拓展，外部环境的影响也更加显著。基于大数据分析，可充分了解不同类型参与者在能源生产、交易、消费中的社会心理，并充分考虑地域、气候及用户收入、受教育程度、居住环境等各种影响因素；可分析不同政策机制对各类用户心理和行为产生的影响，为政府制定政策引导各方参与并形成合理的商业模式提供参考依据。

2.3　能源大数据中心建设背景及意义

能源大数据中心建设是贯彻落实国家新型数字化基础设施建设规划的重要举措。将大数据应用于能源领域，构建融合高效的能源大数据体系，深挖能源数据价值，是推进能源市场化改革的重要载体和实现能源系统智慧化升级的重要手段，是贯彻落实国家"互联网+"智慧能源发展战略的具体实践，是实现"3060"碳达峰、碳中和目标的技术保障，在政府治理现代化、企业提质增效、公众便捷用能等方面发挥着重要作用。

2.3.1　能源大数据中心建设背景

1）国家大数据战略落地实施

2017 年 12 月，习近平总书记在中共中央政治局第二次集体学习时强调："我们应该审时度势、精心谋划、超前布局、力争主动，深入了解大数据发展现状和趋势及其对经济社会发展的影响，分析我国大数据发展取得的成绩和存在的问题，推动实施国家大数据战略，加快完善数字基础设施，推进数据资源整合和开放共享，保障数据安全，加快建设数字中国，更好服务我国经济社会发展和人民生活改善。"2018 年 12 月，中央经济工作会议重新定义了基础设施建设，把 5G、人工智能、工业互联网、物联网定义为"新型基础设施建设"。2020 年 4 月，国家发展改革委明确了新型基础设施建设（简称新基建）的范围，主要包括 5G 基建、特高压、城际高速铁路和城市轨道交通、新能源汽车充电桩、大数据中心、人工智能、工业互联网七大领域，涉及诸多产业链，是以新发展理念为引领，以技术创新为驱动，以信息网络为基础，面向高质量发展需要，提供数字转型、智能升级、融合创新等服务的基础设施体系。数据是数字经济的关键要素，深入实施工业互联网创新发展战略，系统推进工业互联网基础设施和数据资源管理体系建设，发挥数据的基础资源作用和创新引擎作用，将推动形成以创新为主要引领和支撑的数字经济。

2) 能源互联网建设需求强烈

2016 年 2 月，国家多部委联合制定《关于推进"互联网+"智慧能源发展的指导意见》，明确 2025 年初步建成能源互联网产业体系，形成较为完备的技术及标准体系并推动实现国际化。2017 年 8 月，全国首批 55 个"互联网+"智慧能源示范项目开工建设。能源互联网是国家大数据战略在能源领域的落地实施，能够推动能源领域供给侧结构性改革，支撑和推进能源革命，为推动我国从能源大国向能源强国迈进奠定坚实基础。

2017 年 1 月，国家发展改革委、国家能源局发布《能源发展"十三五"规划》，强调应更加注重系统优化，积极推动能源、信息、大数据等领域新技术深度融合，推进电网信息物理系统的高效集成和智能化调控。2022 年 1 月，国家发展改革委、国家能源局发布《"十四五"现代能源体系规划》，强调增强能源科技创新能力，加快能源产业数字化和智能化升级。能源大数据中心作为"能源大数据"的主要载体，是能源数据管理的专业机构和数据共享、服务、创新平台，通过大规模存储、数据分析及可视化展示等大数据技术，不仅可实现在线实时传输、监测与控制，还可从海量数据中获取有价值的信息，更好地支撑能源互联网的建设。

国内大数据中心经历了由运营商主导的以通信机楼为主的分散、小规模化发展阶段，现逐步向市场驱动的规模化、标准化、高密度、绿色节能方向发展。国内大数据中心的发展虽然已经有了一定的基础，但整体布局仍存在东部资源紧张、西部资源空闲等问题。在信息技术快速发展的背景下，大数据中心既是各行各业的信息基础设施，可为数字经济转型提供重要支撑，也是未来云网融合发展的战略性基础资源，将为移动、宽带用户体验的内容资源和云计算、大数据等新兴业务提供基础支撑。

2.3.2 能源大数据应用情况

在能源行业，能源大数据的应用处于领先地位。在当前形势下，数字化能源电力系统的应用需要着重解决该行业的关键瓶颈问题，以更好地为社会、政府和广大民众提供服务，推动相关产业链的发展。

1）能源供需平衡场景应用

在电能供求平衡环境中，电能大数据的运用是实现能源电力系统安全运营的基础之一。随着市场经济的发展，需求侧大功率装置增长造成的尖峰供电矛盾越来越突出。同时，稳定投入、精准投入、提高设备效率等对电力设备合理投入提出了更高要求。通过海量能源数据挖掘，依托供需侧多元市场主体的用能转换、削减与转移弹性，能够形成针对尖峰负荷问题的解决办法。

在规划阶段，能源大数据赋能精准规划，通过多设备全工况运行模型和多元用户画像，实现供需平衡，挖掘削峰潜力，提升能源系统利用效率。

在操作期间，利用能源大数据科学运作，通过对众多数据的深度解读，精准了解各类用户的使用特性，建立需求控制和响应规则，指导需求方参与高峰负荷的调节。

在消费环节，利用能源大数据的优势，借助数字化的转型，可让用户全面了解自己的用能情况，促进智能自动反馈设备和虚拟电站等创新科技的进步，并鼓励需求方积极投入高峰负荷的调节。

2）可再生能源消纳场景应用

随着碳达峰、碳中和目标的提出，建设适应高比例可再生能源发展的电力系统已成必然趋势。能源大数据为能源供应和消费提供了深度互动平台，促进了能源生产模式、技术体系和体制机制的改革，有助于清洁能源的高效消纳。

在平台方面，能源大数据为我国新能源的发展提供了平台支持，为可再生能源的顺利消纳提供了智能化分析管理技术。如国网公司通过其新能源云服务平台促进了"平台+生态"模式的发展，该平台包含诸如电力需求预估、发电量消耗评估和新能源数据解析等多个功能板块，为新能源行业提供了一个智能化的基础架构。

在技术方面，能源领域的技术和信息通信领域的技术相结合，推动了新技术如新能源大数据、能源区块链、智慧能源管理系统等的发展和应用。同时，现代信息技术和先进通信技术在新能源运行控制和终端用户综合能源服务方面的运用，促进了能源信息的流动和开放共享，提高了风电和光伏发电的生产和消费占比。

在制度和流程层面，区块链等信息技术的应用促进了可再生能源自由地进行市场交易，使分散的能源供应者能够直接与大型企业或小型家用设备互动并进行实时的自发交易，同时推进绿色能源证书等新的商务模式的发展。此外，新的能源电力运行管理体系，促进了能源电力系统及其相关行业参与者的协同进步，提高了资源分配的效益，并且创造了一种全新的能源电力系统运作方式。

3）综合能源服务场景应用

在新兴的能源转换背景中，电力行业的焦点已由"资源驱动"转向了"服务驱动"，提供综合能源服务成为行业发展的主趋势。伴随着这种服务模式的不断发展，它的价值也在不断地提升，为能源服务方式的革新和效能的提高提供了重要支撑。

在服务模式创新方面，能源大数据正在推动新的综合能源服务业态和模式的出现。借助"大云物移智链"等先进的信息科技及智能化设备，我们能更深入地理解消费者的行为模式，进而预测市场的潜力和客户的需求，为他们提供定制化且富有创意的综合能源解决方案，以达到供应与需求之间的精确匹配。这将会逐渐引导传统的"物理能源"使用观念向"能源、信息、服务"一体化消费观转变，同时也会持续扩展综合能源服务的领域。

在提升效率方面，能源大数据为综合能源服务的效率提升提供了技术支持。智能化的管理工具在能源系统的普遍使用为能源供应和消费的全方位监控提供准确的信息保障。通过提供全局性的能量效益评估及多个阶段的管理控制等多元化能源服务，我们可以在能源电力系统供需平衡方面做出实时的调节，进而双方向地优化系统运作，改进其工作状况并提高其运营成效。

4）能源数据生态场景应用

虽然大数据存储与分析技术已经逐渐完善，但是能源数据的大规模应用仍处于初级阶段。建立一个健全并持续发展的能源大数据生态系统，能够产生更强的集聚效应，这有助于推动智能城市的创建，促进工业结构的优化及转型，同时为能源产出和消耗的改革提供支持。

在搭建网络平台的过程中，能源大数据是能源信息系统构建的基石。由于系统具有开放性和兼容性，能源互联网上存在众多来自不同行业的参与者，如企业、政府机构及金融服务公司等。对多方主体的经济活动及其功能角色、主体间的数据流动进行研究，我们能够了解他们在能源信息体系中的作用和特点，从而为关键要素和发展路线的选择提供依据。

对于价值发现而言，能源大数据赋予能源数据价值揭示的技术支撑。通过应用感应测量、通信信息、数据整合及数据分析等核心技术，并根据设备和客户的特点描绘出它/他们的特性，有助于识别设备性能提升的可能性及客户可能的需求，进而实现能源大数据的隐藏价值，助力于能源电力的数字化转变和能源数据生态环境的持续改善。

在商业策略上，能源大数据给能源信息生态环境的商业构架提供了全新的视角。能源大数据环境消除不同实体间的隔阂，在能源生产者、设备制作者等多个角色之间建立起横向连接，并推动了能源生成、交换、使用等多个阶段的垂直互动。这一种商业架构的设计可使各方参与其中，构成全面解决问题的提供商或者商业联合体，实现对能源的一体化供给和管理。此外，它还能吸引顾客资源和数据资源，把消费者的需求作为驱动力，促进资源有效配置，创造新的服务模式，促成产业链各方发展共赢。

2.3.3　能源大数据中心建设意义

能源大数据中心是"能源大数据"关键要素在能源行业的具体应用。作为数据共享、服务、创新平台，能源大数据中心通过大规模存储、数据分析及可视化展示等大数据技术，从海量能源数据中获取有价值的信息，推动我国能源转型发展。因此，加快能源大数据中心建设，对我国能源领域高质量发展具有重要意义。

1）为社会经济发展注入新动力

从中长期看，数据中心等数字经济领域的行业基础设施应在技术和资金允许的情况下适度超前布局，以充分调动大数据创新服务行业发展，繁荣应用市场。在当前实施能源安全新战略及实现"双碳"目标的背景下，加大对能源行业数据中心的建设投入，有助于稳增长、稳就业、释放国内经济增长潜力，为产业数字化转型和能源行业高质量发展提供新动能。

2）为行业转型升级提供新路径

当前，我国经济发展已进入新常态，能源行业处于结构性转型关键时期，全面提升能源行业全链条服务能力，需充分结合现代信息智能技术，建设能源大数据中心，并将其纳入能源基础设施体系，在实现能源行业数据有效管理和科学应用的基础上，最大限度挖掘能源数据蕴含的价值，促进能源行业转型发展。

3) 为科学决策提供新方法

能源行业涉及规划、开发、生产、传输、存储、消费等众多环节及相关行业企业，其发展离不开跨地区、跨领域、跨系统的业务协同和关联数据的精准支撑。为有效提高政府决策的系统性和科学性，亟须建立统一的数据共享平台和机制，形成具有完善数据资源管理能力的能源大数据中心，突破政府、企业、公众之间的"数据孤岛"和"数据链断点"，为相关能源管理决策提供大数据研究方法。

4) 为能源产业创新提供新机遇

当前，新一轮科技革命方兴未艾，以大数据、物联网、云计算等为代表的一批新技术不断涌现，推动行业发生深刻变革。建设能源大数据中心，汇聚行业数据，通过海量数据的输入、高性能的计算和多源数据的关联分析，以大数据技术与传统能源技术的融合创新为基础，将在能源系统运行监控与运维、能源市场化交易等方面催生一批崭新的智慧能源服务新业态，促进产业创新发展。

第3章　我国能源大数据中心建设实践

3.1　我国能源大数据中心建设

3.1.1　我国大数据中心建设进展

1) 我国大数据中心发展历程

2011 年 11 月，工业和信息化部发布《物联网"十二五"发展规划》，信息处理技术作为 4 项关键技术创新工程之一被提出来。海量数据存储、数据挖掘、图像视频智能分析，都是信息技术的重要组成部分。随着以互联网、云计算和大数据为代表的信息经济的迅速发展，大数据中心已成为信息社会重要的基础设施，并迎来了快速发展期。2013 年以来，国家自然科学基金、973 计划、核高基、863 等重大研究计划都将大数据研究列为重大研究课题。清华大学信息科学技术学院、清华信息科学与技术国家实验室成立数据科学研究院，对大数据发展战略和大数据专项工作进行研究。为推进数据中心建设，我国在标准、规划及鼓励扶持措施等方面发布了相关政策。

2012 年 11 月，工业和信息化部发布《关于进一步规范因特网数据中心（IDC）业务和因特网接入服务（ISP）业务市场准入工作的通告》，进一步完善 IDC 业务准入要求，降低 IDC 市场准入门槛，以促进 IDC 市场健康、快速发展。

2013 年 1 月，工业和信息化部、国家发展改革委、国土资源部、国家电力监管委员会、国家能源局等五部委联合发布《关于数据中心建设布局的指导意见》。该指导意见指出数据中心的建设和布局应以科学发展为主题，以加快转变发展方式为主线，以提升可持续发展能力为目标，以市场为导向，以节约资源和保障安全为着力点，遵循产业发展规律，发挥区域比较优势，引导市场主体合理选址、长远规划、按需设计、按标建设，逐渐形成技术先进、结构合理、协调发展的数据中心新格局。

2015年3月，工业和信息化部、国家机关事务管理局、国家能源局联合印发《国家绿色数据中心试点工作方案》，提出到2017年围绕重点领域创建百个绿色数据中心试点，试点数据中心能效平均提高8%以上，制定绿色数据中心相关国家标准4项，推广绿色数据中心先进适用技术、产品和运维管理最佳实践40项，制定绿色数据中心建设指南。

2017年7月，工业和信息化部办公厅发布《关于组织申报2017年度国家新型工业化产业示范基地的通知》，首次将数据中心、云计算、大数据、工业互联网等新兴产业纳入国家新型工业化产业示范基地创建范畴，优先支持新兴产业示范基地创建。

2019年2月，工业和信息化部、国家机关事务管理局、国家能源局联合发布《关于加强绿色数据中心建设的指导意见》，提出到2022年，数据中心平均能耗基本达到国际先进水平，新建大型、超大型数据中心的电能使用效率值达到1.4以下，形成一批具有创新性的绿色技术产品和解决方案。

2）我国大数据中心发展特点

（1）数据中心利用率和能效水平不断提高

国内东部一线城市数据中心较饱和，中西部地区上架率不断提高。北上广深等一线城市及河南、浙江、江西、四川、天津等地区数据中心上架率达到60%以上，西部地区多个省份上架率由15%提升到30%以上。《2021年中国数据中心市场报告》提出，全国数据中心总体上架率为50.1%，总体供需平衡，但与发达地区数据中心成熟市场仍有一定差距，数据中心上架率需进一步提高。

我国数据中心总体能效水平提升，优秀绿色数据中心不断增多。从绿色技术来看，国内数据中心不断创新绿色节能新应用，多个数据中心获评绿色网格（TGGC）与开放数据中心委员会（ODCC）联合认证的5A级绿色数据中心。

2015年，百度云计算（阳泉）中心采用整机柜服务器、高压直流+市电直供、机器学习控制系统、高温服务器等技术，实现年均电能利用效率（PUE）1.23；2016年，阿里巴巴千岛湖数据中心采用湖水自然冷却系统、太阳能电池板、高压直流等技术，实现年均PUE 1.28；2017年，腾讯青浦

"三联供"数据中心采用天然气三联供、离心变频冷机、磁悬浮冷机等技术，实现年均 PUE 1.31；2018 年，阿里巴巴张北云联数据中心采用无架空地板弥散送风、全自动化 BA 系统自然冷源最大化等技术，实现年均 PUE 1.23。

《2021 年中国数据中心市场报告》指出，全国数据中心能效水平稳步提升，2021 年度全国数据中心平均 PUE 为 1.49，华北、华东的数据中心平均 PUE 接近 1.40，最优水平达 1.08。

（2）数据中心总体布局逐步优化

自 2013 年工业和信息化部等五部委联合发布《关于数据中心建设布局的指导意见》，2018 年工业和信息化部印发《全国数据中心应用发展指引（2017）》以来，我国数据中心布局渐趋完善，新建数据中心，尤其是大型、超大型数据中心逐渐向西部及北上广深周边地区转移。随着西部地区数据中心的占比逐步提升，一线城市数据中心紧张问题逐渐缓解。例如，张北、廊坊、乌兰察布等周边地区大量新建数据中心落地投产，并开始承接部分大型互联网公司的应用业务后，北京的数据中心不再"一柜难求"，数据中心租赁价格也有所降低；同样，随着上海、广州、深圳周边省、市数据中心的建设投产，部分应用业务实现了转移。

（3）运维管理逐渐成为数据中心产业的关注热点

从 2010 年开始，我国数据中心产业进入高速发展阶段，产业规模以每两年翻一番的速度增长。2013 年以来，国家和多个地方政府陆续发布数据中心产业引导政策，数据中心建设布局、绿色节能成为业界主要关注点。近几年来，随着数据中心规模和数量的快速增长，高效运维管理及人才问题凸显，不少数据中心出现运维人才短缺、运维能力与数据中心建设速度不匹配等问题，西部地区更为明显。同时，受资源、环境政策和成本压力的影响，数据中心追求低 PUE、快速响应，这对数据中心运维人员提出了更高要求，产业界的关注点逐步由建设转向运营管理，数据中心运维成为一大热点。

3）我国大数据中心发展中存在的问题

（1）数据中心布局模式亟须突破

近年来，多地纷纷投资建设数据中心，但这些数据中心大多各自为政、相互分离，缺乏一体化的战略规划，容易造成"烟囱效应"和资源浪费。虽然国家已经相继发布了有关数据中心建设布局的一些政策文件，总体布局正在逐步优化并趋于供需平衡，但受用户需求、网络条件等因素影响，对在用数据中心的监督管理及新建数据中心的审批流程尚缺乏合理的指导性意见，与数据中心成熟市场仍有一定差距，在满足业务需求的同时降低能耗方面仍有进一步提高的空间。

（2）数据中心系统缺乏科学规划

数据中心能耗主要由 IT 设备、供电系统和制冷系统三部分的能耗构成。目前，数据中心内 IT 设备利用率较低，部分数据中心未优先考虑利用现有设备，导致数据中心 IT 设备的保有量高于信息业务的实际需求；主流供电模式面临瓶颈，传统不间断电源（uninterrupted power supply，UPS）供电模式存在能量损耗，能效水平较低，而直流供电模式操作专业性强，安全性差；制冷方式有待改变，目前数据中心的热量管理方法存在不足，降低了制冷系统的运行效率。

4）我国大数据中心未来发展趋势

建设大数据中心是产业数字化转型的必然要求，是国际竞争力新内涵的集中体现。2020 年 3 月 4 日，中央政治局常务委员会会议提出，要加大公共卫生服务、应急物资保障领域投入，加快 5G 网络、数据中心等新型基础设施建设进度。目前，我国大型、超大型数据中心占比仍然与美国等发达国家有一定差距，大型、超大型数据中心仍有较大发展空间。

（1）提升新建数据中心绿色发展水平

一是强化绿色设计。加强对新建数据中心在 IT 设备、机架布局、制冷和散热系统、供配电系统，以及清洁能源利用系统等方面的绿色化设计指导。鼓励采用液冷、分布式供电、模块化机房及虚拟化、云化 IT 资源等高效系统设计方案，充分考虑动力环境系统与 IT 设备运行状态的精准适配；鼓励在自有场所建设自然冷源、自有系统余热回收利用或可再生能源发电等清洁能源利用系统；鼓励应用数值模拟技术进行热场仿真分析，验证设计冷量及机房流场特性。

二是深化绿色施工和采购。引导数据中心在新建及改造工程建设中实施绿色施工，在保证质量、安全基本要求的同时，最大限度地节约能源资源，减少对环境的负面影响，实现节能、节地、节水、节材和环境保护。严格执行《电器电子产品有害物质限制使用管理办法》和《电子电气产品中限用物质的限量要求》（GB/T 26572—2011）等规范，鼓励数据中心使用绿色电力和满足绿色设计产品评价等要求的绿色产品，并逐步建立健全绿色供应链管理制度。

三是完善绿色运行维护制度。指导数据中心建立绿色运维管理体系，结合气候环境和自身负载变化、运营成本等科学制定运维策略，同时建立能源资源信息化运维管控系统。

四是有序推动节能与绿色化改造。加强在设备布局、制冷架构、外围护结构（密封、遮阳、保温等）、供配电方式、单机柜功率密度及各系统智能运行策略等方面的技术改造和优化升级。

五是优化废旧电器电子产品处理。加强高耗能产品的淘汰，同时建立废旧电器电子产品的回收体系，督促回收企业加快废旧电器电子产品资源化利用，推行产品源头控制、绿色生产，在产品全生命周期中最大限度地提升资源利用效率。

（2）提升安全性

目前，安全性已成为数据中心建设的重要指标之一。人类的生产生活每天都在产生大量的数据，且产生的速度越来越快。大数据无所不在的"眼睛"和预测能力正在促进数据隐私保护和安全保护的发展。未来，数据中心需加强云管理员设备和云服务器之间的连接安全管理，如通过加密及支持多种认证机制［包括基于虚拟专用网络（virtual private network，VPN）的解决方案、共享密钥+用户名+密码、安全断言置标语言（security assertion markup language，SAML）和其他联合身份标识、智能卡身份验证等方式］来保障数据隐私安全。

（3）实现移动化

后 PC 时代，个人电脑的时代即将结束，手机等手持设备的高速发展催生了移动化的浪潮。移动程序正致力于为用户提供最好的服务，未来将有更多的移动设备及相应的服务诞生。而数据中心可以将所有企业内容（包括文档、报表、账单、网页、图片、传真，甚至多媒体音频、视频等各类信息载体和模式）集中起来进行管理和控制，结合自身强大的元数据搜索引擎，为各企业提供商务智能、大数据分析及网络端访问服务，支持在线研发设计功能，真正实现企业的信息化管理。

（4）探索与创新市场推动机制

通过构建市场化机制，切实增强大数据中心的市场意识，帮助其积极围绕市场配置资源，顺"市"而为，应"市"而变。鼓励数据中心和节能服务公司拓展合同能源管理，研究能量交易机制，探索绿色数据中心融资租赁等金融服务模式；鼓励数据中心直接与可再生能源发电企业开展电力交易，购买可再生能源绿色电力证书；探索建立绿色数据中心技术创新、推广应用激励机制和融资平台，完善多元化融资体系。

3.1.2 我国能源大数据中心建设情况

目前，我国能源大数据应用已在电力、新能源、油气等企业内部广泛开展，但在政府及行业层面尚未形成成熟模式，各部门及部分省份先期开展了能源信息系统建设探索。例如，国家能源局已经建成全国能源监测预警与规划管理系统，可初步实现能源运行日常监测和能源规划动态评估；湖北、河北、浙江、江西、广东等省及内蒙古自治区也建设了自己的能源信息系统，功能与全国能源监测预警与规划管理系统基本一致；青海省借助自身具有丰富的风、光等资源优势，依托青海省电力公司建成了新能源大数据创新平台，为政府及相关企业提供规划、建设、运行、维护等全链条服务。国家电网有限公司全面建成了省级能源大数据中心，并印发了《能源大数据中心建设运营工作指引》。

由于我国能源大数据中心的建设与运营还处于起步阶段，面临着管理、技术等多方面的挑战，因此需要从理论、方法、技术和应用等层面不断探索创新，寻求突破。在运营管理方面，许多能源大数据中心仍然采用垂直式的管理模式，缺乏市场竞争意识和危机感，服务客户的灵活性不足，且自上而下的专业条块分割管理方式导致部门间存在专业壁垒，各专业系统各自为政，造成资源浪费。在数据技术方面，横向缺少数据关联分析，纵向数据挖掘深度不够，数据价值无法充分发挥；数据标准不统一，质量无法保证，传递效能低，易造成重复劳动；数据运维自动化程度低，数据更新主要通过表格离线导入、手工录入等方式，不仅效率低，而且易出错。

在未来的发展过程中，能源大数据中心需要建立一套快速反应、快速推进、能力复用的现代运营管理体系，打破专业壁垒，实现横向协同，优化组织设计及运营流程；同时，引进先进技术，加速技术应用，统一数据管理，实现数据驱动，进一步挖掘大数据应用价值，延长产业链，形成新业态，创造新价值。

3.2 相关省级能源大数据中心建设实践

能源大数据中心聚焦政府、行业、企业及公众各方数据应用诉求，通过对各种数据进行汇聚整合、挖掘分析，促进政府决策科学化、社会治理精准化、公共服务高效化。目前，天津、重庆、青海、河南等均已开展能源大数据中心建设与初期运营工作。

3.2.1　天津市能源大数据中心

1）建设历程

天津市能源大数据中心按照"政府主导、企业参与"的基本思路开展建设，由天津市政府牵头，委托天津市电力公司承建。

天津市能源大数据中心于 2019 年 4 月启动建设，目标是整合全市能源大数据资源，打造能源大数据运营服务基地。建设总体架构遵从"一中心、两主线、三平台、四需求、五模式"的设计，以支撑政府管理能级与服务效能提升，助力能源与城市其他领域的协同发展。2023 年 6 月，作为十大板块之一，纳入天津电力双碳中心统筹管理。

2）发展现状

目前，天津市能源大数据中心典型应用场景为电力视角看天津、一体化能源流全景展示、住房空置率分析、环境治理及能源大数据仿真企业重点实验室等。

（1）电力视角看天津

电力视角看天津，通过深入挖掘电力、市政、经济、环境等数据的关联性，形成专项报告，并建立定期汇报机制，为政府决策提供辅助支持。

（2）一体化能源流全景展示

一体化能源流全景展示以电能为主，对传统能源与清洁能源进行生产分析、消费分析、流向分析，以便更直观地展现能源生产及消费情况，为政府能源规划提供参考。

（3）住房空置率分析

住房空置率分析为政府住房和城建部门提供住房使用情况相关信息，辅助政府全面掌握回迁率、房屋入住率，以便制定相关调控政策。

（4）环境治理

环境治理依据政府提供的应急减排企业名单，结合企业实时用电信息、缴费信息、用水信息及空气质量数据，实时监测企业生产经营状况及污染物排放等，进行企业违规风险预警及欠薪风险预警分析，辅助环保部门分析违规排放情况，定点监测分析，并制订有针对性的周期性检查计划。

（5）能源大数据仿真企业重点实验室

能源大数据仿真企业重点实验室聚焦能源互联网建设和数字新基建需求，发挥在技术研发、数据资源、产业应用和生态融合等方面的优势，打造能源互联网大数据创新平台，积极探索大数据、人工智能、区块链等数字经济场景创新实践，输出可复制、可推广的能源互联网大数据产品。

3）发展趋势

作为电力双碳中心数据创新应用平台，天津市能源大数据中心通过归集全国近25年共46个细分行业的能源消耗、经济运行等数据，为津城高质量发展提供关键支撑力量。来自电力应用领域的大数据不仅可以为天津的发展提供有用信息，更能催生新产业，为城市高质量发展赋能。

天津市能源大数据中心将以促进传统能源管理模式变革为目标，合理配置能源，提升能源预测能力，全面支撑智慧城市发展。中心重点打造综合能源大数据运营服务基地，构建覆盖市、园区、企业三级的能源数据服务体系，以综合能源服务为切入点，为政府提供能源数据管控、区域能源规划、综合能效分析、行业数据聚类、经济态势分析、资源调配等辅助决策服务。

天津市规划在2025年全面建成能源大数据中心，实现各类能源数据汇集，构建能源数据服务产品，形成能源数据交易模式；2035年打造能源大数据运营服务基地、协同创新基地和产业聚集基地。

3.2.2　重庆市能源大数据中心

1）建设历程

2019年8月，国网重庆市电力公司在重庆市能源局指导下，与重庆市油气交易中心全面深入合作，开展"1+N"的能源大数据中心体系建设。"1"指重庆市能源大数据中心，汇集全市和各区（县）宏观数据，重点对全市能源生产、消费及行业发展情况进行宏观监测与分析，辅助政府决策。"N"即区县级能源大数据中心，汇集区县宏观数据和用户侧明细数据，并通过数据分析开展商业化运营。

2020年8月，重庆市能源大数据中心正式挂牌成立，由国网重庆市电力公司和重庆能源大数据中心有限公司合作共建。中心汇集了电、煤、气、油、水等能源数据以及用户侧明细数据，初步实现了能源数据的实时开放与共享。

2021 年 11 月，由国网重庆市电力公司承担的 1 个市级、38 个区县级能源大数据中心全面建成，形成市、区（县）一体化服务格局。中心通过分析全市能源生产、消费以及行业发展现状，支撑新产业、新业态、新模式发展，服务政府现代治理，持续为智慧城市和社会经济发展赋能。

2）发展现状

重庆市能源大数据中心目前已开发建设了能源大数据监测平台、能源政务信息平台、"能源快讯"资讯产品，并持续面向行业提供深度资讯报告、专业培训和行业研讨等服务，旨在打造"以数据服务实体，以服务整合数据"的良性生态，促进数字经济和实体经济深度融合，为政府监管和企业决策提供支撑，更好地服务能源市场建设和实体经济发展。

能源大数据监测平台。能源大数据监测平台整合国家有关部委、地方政府及专业权威机构数据，结合国内外行业供求关系、市场状况、能源安全等多方面状况进行分析与预警。

能源政务信息平台。能源政务信息平台针对政府市场监管难度大、成本高等痛点，充分借助大数据技术实时采集能源行业和企业运行数据，建立行业细分领域分析模型，并形成标准化行业运行分析体系。

"能源快讯"资讯产品。"能源快讯"资讯产品通过分析用户画像、环境特征、数据信息内容，为能源行业生产、运输、存储、消费、供应链金融服务等专业机构和相关人员提供实时、定制化的能源资讯，分享行业热点，推送价格指数、焦点问题分析和政策解读。

3）发展趋势

目前，重庆市能源大数据中心已经累计输出"配网变压器重过载及低电压监测"分析报告 36 份，发送预警信息上千条。这些措施有效降低了设备因重过载导致的大修或可靠性降低等问题，节约了配网投资。同时，也提升了电力企业的服务水平，促进了电力行业的健康发展。

随着市、区（县）两级能源大数据中心逐步建设完成，中心计划逐步扩大服务范围，充分利用能源大数据价值，赋能智慧城市建设，助力社会经济发展。依托能源大数据中心，重庆市将开展"电力看经济"，通过电力大数据对支柱产业、重点企业发展情况及住房空置率等进行分析，辅助政府及时掌握宏观经济发展态势；创新"电力看环保"，联合市生态环境局监测 4 万户污染企业生产状态，助力执法部门开展污染防治预警；研发税电指数，联合市税务局，利用用电数据和发票数据研发税电指数，分析行业、企业供需形势；融入数字重庆，与市能源局、市机关事务局、市人社局等部门开展能源运行监测、公共机构能耗管控、根治欠薪等跨场景治理合作，赋能社会发展。

3.2.3 青海省能源大数据中心

1）建设历程

青海省清洁能源资源丰富。截至 2023 年年底，青海省清洁能源装机占比达 92.8%，绿色电力发电量占比 84.5%，均居全国首位。为建设富裕文明和谐美丽新青海，创建国家清洁能源示范省，国家电网公司与青海省委、省政府加强战略合作，于 2018 年 1 月在国内率先建成青海新能源大数据创新平台。2019 年 1 月，由国网青海省电力公司控股，引入青海省公共建设投资有限公司等合资组建青海绿能数据有限公司，负责平台运营。2019 年 4 月，该中心升级为青海省能源大数据中心，并被国家能源互联网产业及技术创新联盟评为全国首批 4 个能源数字化示范工程之一。2023 年 7 月，依托青海省能源大数据中心，成立青海省智慧双碳大数据中心。青海省能源大数据中心依托电网中心环节的优势，通过集中监控、能耗监测等服务形式，汇集包括设备运行、环境资源等在内的各种类型的数据并打造开放的平台，支持第三方研发团队挖掘数据价值，构建创新的应用和服务模式，为包括发电企业、电网公司、装备制造企业、金融服务企业等在内的相关方提供服务。

2）发展现状

数字化助力清洁能源发展。中心利用源网规划、网源协调等新技术，推动新能源电站调度模式转变，在规划建设、交易计划等环节全方位促进新能源并网及消纳；建成多租户新能源大数据平台，可支持 2000 座新能源电站集中监测和安全管控，可支撑 600 座新能源电站实现"无人值班、少人值守"运维。

构建能源全产业生态圈。中心制定了统一的数据通道、数据标准和服务标准，通过市场化机制引入多家功率预测服务提供商，面向用户提供高精准预测服务。该方法打破了传统功率预测单一、固定的服务模式，新能源场站可自由选择、灵活定制适合自己的功率预测服务。目前，通过市场化手段，青海省已吸引国内外 22 个研发团队，共计开发 24 类应用服务。

创新商业模式。创新平台租赁模式，为发电企业提供线下"数据公寓"＋

线上"集控平台"的租赁服务，降低客户初始投资成本和维护成本，确保电力安全，提升效率、质量和投资收益。集中监控产品正式商业化运营，通过开放竞争模式，打造开放共享平台，建立统一的服务评价机制和评价标准，引入领域顶尖产品供应商自由竞争，优胜劣汰。定制服务模式，为客户提供定制的数据分析挖掘、数据可视化等增值服务，解决政府机构、工业企业用户在管理、生产、经营中遇到的问题，满足相关业务需求。

青海省智慧双碳大数据中心承担全省碳排放数据的采集、挖掘、监测、分析、共享和应用的重任，为碳排放监测、碳普惠、碳交易、碳金融、碳信用业务提供数据服务支撑。截至 2024 年 1 月，中心已汇聚青海省 90%以上的能源产、供、储、销数据，实现七大产业、五大行业用电客户的碳排放监测与分析，对推进青海能源数字化转型升级，支撑国家清洁能源产业高地建设起到重要推动作用。

3) 发展趋势

国网青海省电力公司将联合青海省能源局，以"大云物移智链"等现代信息技术、先进通信技术为核心，进行大数据建设顶层设计，推进能源智能化、综合能源网和信息通信基础设施建设，实现多种能源与网络的互联互通及融合调度；积极培育以大数据为核心的数字经济，推动能源产业生产全息感知、决策智能优化、经营协同高效、业态共享开放、生态绿色安全，深度融合能源技术和信息化技术，打造互动灵活的用能服务平台；进一步挖掘大数据价值应用，延长产业链、形成新业态、创造新价值，吸引更多产业链企业、科研院所和应用服务商入驻平台，全力支撑和服务能源绿色转型发展。

得益于大数据平台所提供的新能源电站集中监控、功率预测、设备状态分析等业务，青海省能源大数据中心正充分应用智能化、网络化、数字化手段，推动能源技术与工业互联网深度融合，创新推出系列数据增值服务，为能源全产业链发展提供有力支撑，形成覆盖"源网荷储"的能源产业链生态圈，让产业链各方充分享受到大数据带来的价值红利，实现共生共赢。

3.2.4　河南省能源大数据中心

1) 建设历程

2017 年 4 月，为助推全省能源转型，河南省政府委托国网河南省电力公司启动省级能源大数据中心建设。由于采取政企共建模式，该项目打破了能源行业存在已久的数据壁垒，是国内首家实现省级能源大数据统一归集和管理的数据中心，初步构建了全省能源互联网生态圈。

2020年4月，河南省发展和改革委与国网河南省电力公司签署建设河南省能源大数据中心的委托协议，这是河南省探索政企合作新模式、推动能源领域大数据应用示范的重大举措。河南省能源大数据中心提出在政府统一领导和协调下，以电力、煤炭、石油等能源数据为基础，秉承"大规划、重数据、辅决策、促发展"的建设理念，坚持"短期见成效、长期建机制"的管理思想，开展能源行业大数据中心建设。同时，积极探索构建能源大数据运营体系，支撑政府行政监督和辅助决策，提升能源企业间的协同发展能力。

2021年1月，河南省能源大数据中心正式建成投运。首批发布能源监测预警等九大应用成果，共计39项产品165项服务。

2023年12月，河南省能源大数据中心提质升级两年行动圆满收官，上线"五大功能平台"（能源运行监测预警平台、碳排放监测服务平台、新能源运行服务平台、用能监测服务平台、开放共享服务平台）。

2024年3月，中心实现省地一体化运营。河南省能源大数据中心地市频道具备的经济概况、新能源监测分析等11项标准功能和50项自选功能全部向省市两级供电企业开放，以此为基础打造的数据服务场景和产品可支撑全省电力保供、能源转型、经济发展等工作科学、精准、高效开展。

2）发展现状

河南省能源大数据中心是政府主导推动的产业大数据创新应用之一，中心定位于服务政府科学决策、服务企业精益管理、服务公众智慧用能，创新开展省级能源大数据中心建设特色实践，促进能源行业企业协同创新发展，满足社会公众个性化能源服务需求，构建共建、共享、共赢的河南能源生态圈。其中，部分应用场景已取得一定成效。

能源运行监测预警平台。在实现"全省域、全品类、全链条"能源数据统一归集管理的基础上，平台以能源生产、运行、消费、转换态势监测为核心，打造覆盖"省—市—县"、贯通"产业—行业—企业"的能源运行监测预警体系，服务河南加快建成清洁低碳、安全高效的新型能源体系。截至2024年4月，监测范围覆盖全省62座统调燃煤电厂、1015座新能源场站、6家骨干煤企、2家原油生产企业、4个分品类天然气企业、4800万电力用户，实现河南省能源运行的全景监测和科学预测。

碳排放监测服务平台。积极落实国家"碳达峰、碳中和"部署要求，针对河南省碳排放监测手段不健全的现状，平台坚持"精准核碳、以电折碳、实物测碳、卫星观碳"多措并举，融合碳交易等信息，打造覆盖多层级、全环节、高频次的能源领域碳排放监测体系，服务河南省由能源"双控"向碳排放"双控"转变。

新能源运行服务平台。顺应新能源加速发展的新形势，平台构建涵盖新能源资源禀赋、发展规划、项目建设、生产运行、消纳评估、技术经济的全链条监测分析体系，实现省内全口径、全电压等级新能源运行实时监测，强化发电侧大数据分析，服务河南省新能源产业健康可持续发展。

用能监测服务平台。立足能源消费视角，坚持抓"大"抓"新"，平台以重点用能单位企业、数据中心、电动汽车充电等新兴负荷为着力点，深化用能数据分析，服务能源精细化管理、能效提升、能源保供，实现省内重点用能单位日度能源消费数据归集，以及全省充电设施统一接入管理。

电力数据共享服务平台。发挥电力大数据的准确、实时、客观的资源优势，平台以居民、企业的日度级电量数据为依托，积极拓展"电力+"系列数据产品研发及应用，服务经济运行调度和社会精准治理。例如，"电力看经济"的工业用电指数、税电用工指数、产业链用电指数等纳入全省工业经济运行月报，服务经济精准调度；"电力看公安"服务重点人员、场所活动监测分析，服务社会精准治理。

3）发展趋势

河南省能源大数据中心将顺应数字经济发展大势，以服务新型能源体系建设为出发点，以智能化、集约化、模块化为方向，坚持顶层设计、分步实施，坚持责权明确、规范管理，坚持数据确权、一数一源，坚持共建共享、差异服务的原则，构建"平台开放、数据融合、应用众创、安全可靠、运营规范"的能源大数据中心，引领能源行业创新融合发展，有力支撑能源生产和消费革命，打造能源大数据发展生态圈，在全国率先形成优势引领示范效应。

第4章 企业及数据中心运营模式
相关理论与国内外实践研究

4.1 企业运营模式的理论与实践

以互联网为代表的信息技术革命，已经渗透到社会、经济、生活的各个角落，它不仅仅促进了传统产业的升级改造，更创造了新的产业，改变了财富创造逻辑和经济增长方式。在互联网、大资本背景下，传统运营管理模式效率和效益降低，如何创新运营模式，保障高效运营，促进资源优化配置和组织结构创新，成为企业发展过程中面临的重要问题。

4.1.1 企业运营模式的相关理论

1）组织结构模式

组织结构是表明组织各部分排列顺序、空间位置、聚散状态、联系方式及各要素之间相互关系的一种模式，是整个管理系统的"框架"，其本质是为实现组织战略目标而构建的一种分工协作体系。随着企业规模逐渐扩大，其组织结构会越来越复杂，从一线员工到最高领导，中间可能隔着几级甚至十几级组织层级，这样的组织形式非常不利于决策的快速响应。因此，组织结构必须随着组织的重大战略调整而调整，设计组织结构时要顺应市场需求，缩短决策者与一线员工的距离，以提高决策效率。

（1）平台型组织

平台型组织即企业将自己变成提供资源支持的平台，并通过开放的共享机制，赋予员工相当的财务权、人事权和决策权，使其能够通过灵活的项目形式组织各类资源，形成产品、服务、解决方案，满足用户的各类个性化需求。从广义来讲，平台型组织是坚持以客户需求为导向，以数字智慧运营平台和业务赋能中台为支撑，以"多中心+分布式"的结构形式，在开放协同共享的战略思维下，广泛整合内外部资源，通过网络效应实现规模经济和生态价值的一种组织形式。

平台型组织以"后台+中台+前端+生态"为固有组织范式，拉通组织内部流程，架构组织外部生态，为客户提供个性化、多样化、一体化解决方案。平台型组织包括外部经营平台和内部管理平台两种类型。

外部经营平台："大平台+富生态"。外部平台主要为经营和生态赋能平台，企业利用已有资源优势，打开组织边界，通过搭建平台，赋能内外部经营前端，扩大网络效应。客户可以享受更多企业提供的产品、服务甚至技术，其他参与方也可以利用外部平台的资源和网络效应创新创业，形成"大平台+富生态"的价值体系。外部平台的作用主要为"吸引""促进"和"匹配"，即通过吸引生态参与方，扩大核心交互，增强网络效应，实现生态价值最大化。

内部管理平台："后台+中台+前端"。内部平台主要是管理赋能平台，通过功能性平台的打造，赋能市场前端。内部平台以"后台+中台+前端"的方式运行，后台主要为职能管理平台，负责整合资源，打造开放管理体系，构建内部生态体系；中台主要为业务赋能平台，负责匹配、赋能，分析市场前端的需求和特征，快速有效满足业务、资源、技术、数据等方面的需求；前端则围绕客户，挖掘并及时响应客户需求，实现商业成功。

（2）中台管理模式

随着社会经济的快速发展，企业的价值链已转变为"以客户需求为核心"的管理价值链，企业管理的重点是如何快速响应客户的服务需求。同时，随着企业逐步建立全价值链的数字化管理流程，与客户交互的数字化也逐渐受到重视，这就催生了后台资源服务和前台客户需求频繁交互的可能，中台思维应运而生。

中台管理模式本质上是企业在谋求平台化转型的过程中，为了解决既有的前台、后台协作不力的问题设计出来的新管理模式。前台通常是指面向客户的市场、销售和服务部门或系统，后台通常是指技术支持、研发、财务、人力资源、内部审计等二线支撑部门或系统。现代商业模式和企业价值链要求企业后台的部分服务职能前移，以更好地满足前台和客户的需求，所以在管理架构和企业信息化架构的建设上逐渐"中台化"。

① 中台管理模式构建的重点

构建中台管理模式，需要企业深入洞察未来市场发展趋势和未来终端市场格局，准确把握未来渠道体系的变革方向、企业与消费者之间的关系，重新设计业务模式，优化和调整组织结构。

②中台系统建设的重点

在中台系统建设中，业务中台是重心，数据中台是基础。业务中台要把企业的主要业务流程梳理清楚，包括商流（订单流）、物流、资金流、信息流，这是支撑企业整体业务运营的核心流程，对企业各个业务板块起到打通、链接、整合作用。整个业务中台体系应该以"五个在线（顾客在线、商品在线、交易在线、营销在线、组织在线）"为基本出发点，最终建成全面在线化的营销体系。数据中台的功能是全面归集数据，建成统一的数据中心，以利于企业未来的数据整理、分析及价值挖掘。

2）流程优化

企业流程优化（business process improvement，BPI）的概念由企业流程重组（business process reengineering，BPR）演化而来，是指以建立与资源系统相互融合的标准流程为目标，对现有流程进行分析，保留其先进部分，改进、调整或重建不合理环节，使新建的业务流程能够满足企业资源管理系统的应用要求。流程优化包括功能内的流程优化、功能间的流程优化及组织间的流程优化。

功能内的流程优化。功能内的流程优化是指对单个职能内部的流程进行优化。在手工管理的环境下，企业中各种职能机构重叠，而有些中间层机构一般只执行一些非创造性的统计、汇总、填表等工作，这大大降低了企业的经济效益。运用信息化系统，如企业资源计划（enterprise resource planning，ERP），通过线上操作完全可以完成这些业务而将中间层取消，使每项职能从头至尾只有一个职能机构管理，做到机构不重叠、业务不重复。

功能间的流程优化。功能间的流程优化是指在企业范围内，对跨越多个职能部门边界的业务流程进行优化。其原则为凡是能由一个部门或一个人管理的业务，就不设多个部门或多个人去管理，各种业务流自始至终连贯起来实现全过程管理，避免传统管理中心存在的机构设置分工过细及业务分段管理的情况。

组织间的流程优化。组织间的流程优化是指对两个以上企业之间的业务流程进行优化，即对整个供应链流程的优化，其目的是实现科学的供应链管理，将企业上游（供应商）、下游（客户）的资源视为自身资源，与上下游建立合作伙伴关系，从而降低采购成本、缩短供货周期，降低采购、销售风险。

企业作业流程是长时间积累形成的一套员工作业习惯，想快速彻底地改变企业所有人的作业习惯是非常困难的，它已超出了流程优化的技术范畴。大幅度变革不如局部改进。因此，针对关键性的局部流程进行优化是一种震动小、逐步改变员工习惯、容易见效的管理改进方法。

4.1.2　企业运营模式先进实践

4.1.2.1　Supercell 的"高效散兵作战"模式

1）企业简介

Supercell 成立于 2010 年 6 月，是由 Ilkka Paananen（埃卡·潘纳宁）和其他 5 位创始人共同创立的一家手游开发公司，总部位于芬兰首都赫尔辛基。Supercell 拥有强大的游戏开发和运营能力，依靠不到 200 名员工开发的 4 款产品，在 2016 年成为全球人效第一的公司。2016 年，Supercell 在全球拥有超过 1 亿的日活跃用户和 2.5 亿个游戏社区，4 款手游全部跻身于十大高收入手游之列，每款游戏收入达数亿美元。其中，《皇室战争》的收入高达 10 亿美元。

2）发展中面临的问题

（1）人才质量下降与企业文化认同感低

Supercell 在迅速扩张中面临着两大难题，即难以控制人才质量和公司文化的转变。一方面，迅速扩张意味着需要招聘更多的人才，但是招入企业的员工素质良莠不齐，人才质量很难控制。更重要的是，随着企业的迅速扩张，公司的管理链条不断延长，管理跨度增大，运行变得更为复杂，导致企业发展速度减缓，进一步造成员工懈怠与优秀人才流失。另一方面，由于新进成员不了解公司文化，在短期内难以对公司产生认同感，因此较难融入公司文化。

（2）研发时间减少，开发效率降低

Supercell 传统研发是从产品经理或制作人到预算、财务、市场营销部门，再到研发团队，逐层往下进行的。首先，由产品经理或制作人制作准备发行的游戏设计文档，并研究确定这个游戏的独特之处是什么、差异化在哪里、竞争对手有哪些，然后制订研发预算和市场营销等方面的计划；产品经理或制作人制作的游戏设计文档需要由预算、财务、市场营销等多个部门进行审核；游戏设计文档经多部门审核通过后交由研发团队负责实施。

在游戏创作过程中，研发团队需要每月定时反馈进度，且必须向所有管理人员汇报继续研发的必要性。如果创意不足，或有上层级部门不同意，该项游戏项目就会搁浅，造成时间上的浪费。为此，研发团队要投入很大的精力准备各种汇报，真正用于研发的时间大大减少。

3）特色运营模式

为了有效应对发展过程中遇到的难题，Supercell 设计构建了全新的运营模式，对组织机构设置、内部运营流程等进行了调整。

（1）倒金字塔式的组织结构

Supercell 的成功首先源于其独特的倒金字塔式的组织结构，这种结构的特点如下：每一款游戏都由一个独立、专业的团队负责；公司的所有管理层都是服务于这些团队的资源；所有关于游戏的决策，包括是否继续研发，都由专业团队自行决定。

在传统企业的金字塔式层级结构中（见图 4-1），CEO 的权力最大，然后是下层管理者，层层向下管理，最下层的执行者权力很小，他们被认为是最可以被替代的资源。

图 4-1 传统企业的组织结构

而 Supercell 的每一个团队都是一个独立的游戏产品"负责人"，所有关于这个游戏的决策都可以由这个小团队独自完成。而传统组织结构中多层级的管理者，在 Supercell 中只是资源支持者，当小团队需要资源支持的时候，才会去找他们以获得帮助。Supercell 认为，管理工作越少，员工花在游戏研发上的时间越多，成功的机会就越大。Supercell 的组织结构如图 4-2 所示。

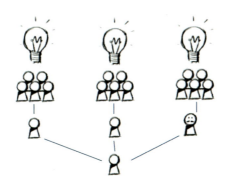

图 4-2　Supercell 的组织结构

（2）扁平化的运作流程

Supercell 团队的典型运作模式：每个团队有五六个员工，他们有权力做出关键决定。例如，团队可以自行决定做什么样的产品，然后推向市场，观察市场反馈；反馈不好的游戏，他们会被毫不犹豫地终止研发。

管理层在每个项目中只有两个权力：一是审批团队的组建；二是审批一款游戏是否可以从 Beta 测试进入全球上线阶段。这就意味着，Supercell 的每个项目除了最后一个重大决定，之前大大小小的决策都由研发团队自行做出，而管理者仅对最后一关进行把控。

为了更好地服务这些研发团队，Supercell 将游戏开发过程中公共和通用的游戏素材及算法整合起来，组成科学的研发工具和框架体系，构建了一个功能强大的中台（见图 4-3）。中台可以支持若干个小团队在短时间内开发出一款新的游戏。正是因为有了中台的支撑，Supercell 团队才可以非常灵活地运作，形成高效的兵团作战模式，反应迅速，不断创新。

图 4-3　Supercell 中台模式

（3）有效的文化保障

Supercell 的成功得益于其弱管理、强赋能的企业文化，它将创新能力内化到中台系统，通过中台支持前台业务，放权给团队，让每一个产品团队都成为一个"特种兵"。除此之外，支撑 Supercell 高速发展的还有精益求精的理念，由于企业坚持"求精"，因此团队产品淘汰率相当高。目前，Supercell 仅留下《皇室战争》《部落冲突》《海岛奇兵》《卡通农场》《荒野乱斗》5 款作品，它们均为手机游戏且全部获得了辉煌成绩。在此背后，14款游戏产品遭遇"淘汰"，留存率仅为 26.3%。产品被淘汰的原因多种多样，如上手难、生命周期不够长、玩家留存率低等，对自身严苛的要求让 Supercell 获得了良好口碑。

4.1.2.2 京瓷的"阿米巴"模式

1）企业简介

日本京瓷公司由稻盛和夫于 1959 年创立，总部位于日本古都京都，是世界 500 强企业之一。京瓷公司最初为一家精密陶瓷生产企业，如今产品类型丰富，包括手机和网络设备、半导体零部件、电子元件、水晶振荡器和连接器、使用在光电通信网络中的光电产品、切削工具、打印机/多功能复合机等办公设备、精密陶瓷厨房用品、太阳能电池等。

2）发展中面临的问题

随着企业的快速发展，京瓷公司遇到了管理上的瓶颈：公司经济原则难以落实到下层组织，一线部门管理粗放，对市场变化反应迟钝，不关心成本；组织规模扩大和管理事务增多，使得管理者的精力越来越分散，员工与管理者之间产生心理隔阂，且自主经营意识差。

3）特色运营模式

（1）"阿米巴"组织模式

为了调动一线部门的主动性，并鼓励其分担管理职能。1964 年，稻盛和夫决定把组织分解成一个个独立的小单元，并充分授权，以便在市场快速变化时做出迅速反应。这成为"阿米巴"模式的雏形。1980 年，稻盛和夫进一步把公司组织划分成小的作业单位，让它们成为像独立的中小企业一样的形态。这种模式被称为"阿米巴"组织模式（见图 4-4）。

据统计，京瓷公司内部约有 3000 多个"阿米巴"，"阿米巴"内成员从5 人到 50 人不等。每个"阿米巴"虽然小，但都有完整的业务链，具备作为一个独立企业存在所必备的功能。由于充分授权，"阿米巴"对市场变化反应灵敏。

京瓷的"阿米巴"模式具有以下 4 个特色。

一是全员参与，人人都是经营者。"阿米巴"的经营核算方式以追求"利润最大化、费用最小化"为中心，强调企业员工是企业的经营者，是企业真正的主人，通过"日清周结月绩效季岗位股分红 4 账 1 物互控台账"，使企业员工清晰量化自己的产量、质量、成本、费用、附加价值等信息，充分调动全体员工的生产积极性，为企业管理目标实现贡献自己最大的力量。

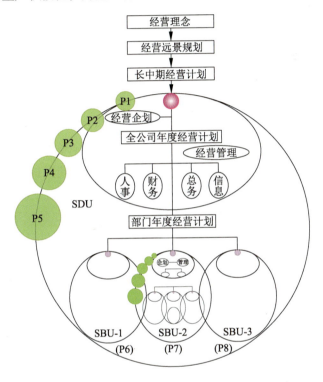

图 4-4　"阿米巴"组织模式图

注：SBU（strategic business unit）为战略业务单元，是最大的阿米巴，通常负责公司的核心业务。SDU（strategic development unit）为战略发展单元，通常负责公司的支持功能。"P"即"period"，表示阶段。

二是绩效综合评价。"阿米巴"以周、月为节点对绩效进行"科举"考核，对应制订员工具体行动计划，公司与员工双方确认签字之后立即实施。这样"阿米巴"组织中的员工就会明确奋斗目标，营造积极的工作氛围。京瓷公司通过"阿米巴"计划的实施促进企业绩效水平的整体提升，保证企业健康发展。

三是企业经营高度透明。企业经营高度透明是"阿米巴"模式顺利推行的一个重要的基础性条件，因为"阿米巴"中采用日结的核算方式，企业员工可清楚了解各个经营环节的财务数据，从而参与到企业的日常经营决策当中。

四是员工具有共同的愿景和价值观。经营企业的实质就是经营人心，当企业规模不断扩大，竞争力不断增强时，所有员工的思想保持统一才是企业真正产生向心力的精髓所在。京瓷"阿米巴"的每一个成员都能参与到企业实际经营当中，他们具有共同的愿景和价值观。

（2）长效保障机制

京瓷"阿米巴"模式的成功有赖于明确的职能设置及有效的绩效管理制度。京瓷将企业组织职能划分为"销售""制造""研发""管理"4项，并确定其应该发挥的作用。其中，销售职能部门以"销售收益最大化"为目标，从事接单、交货、回款等一系列活动，为生产部门获取订单，扩大销售规模；制造职能部门按照顾客要求的品质和交货期限提供产品及服务，追求附加价值的最大化；研发职能部门负责开发出符合社会需求的新产品和新技术，为制造部门提供新的产品和服务价值；管理职能部门负责向员工宣讲经营理念和公司方针，设定和运用管理规则，支持核算部门工作，实现健全的企业经营。

京瓷公司的绩效管理制度为小时核算制度，这是"阿米巴"管理方式的中心内容。小时核算制度以"销售额最大、经费最小"为原则，通过小时核算表和小时价值指标来管理"阿米巴"的业绩。小时核算表要记录产值、销售额、成本、费用、劳动总时数、小时价值等数据，但它在评价上重视的不是"阿米巴"的订单、产值、小时价值这样的绝对金额，而是"阿米巴"通过怎样的努力、采取什么方法使这些指标得到了提高。这是"阿米巴"管理方式区别于其他绩效管理方式的一个重要内容。

4.1.2.3 阿里巴巴的"大中台，小前台"模式

1）企业简介

阿里巴巴集团创立于1999年，业务内容涉及电商、云计算、数字媒体和娱乐等，现已成为全球最大的零售商务公司，位列"中国互联网企业100强"第二位。阿里巴巴实行杭州和北京"双中心"布局。

2）发展中面临的问题

在快速变革的互联网时代，阿里巴巴企业内部业务需求量井喷，业务模式日新月异，传统"烟囱式"架构的弊端日益显著。首先，"烟囱式"架构重复建设和维护大量相似功能模块增加了公司的IT成本。其次，采用

"烟囱式"架构会造成数据分散、格式不统一，不利于异构系统之间交互的问题，这也意味着打通各个系统所付出的开发及协同成本十分高昂。最后，"烟囱式"架构会导致集团层面无法针对公司业务进行全面准确的业务建模，这与互联网时代企业整合内部资源、提升用户体验的趋势背道而驰。从企业长远发展的角度看，采用"烟囱式"方法建设系统不利于业务沉淀和未来发展。

3）特色运营模式

（1）"大中台，小前台"的组织战略

阿里巴巴于 2011 年提出"大阿里"计划，2015 年提出"中台战略"，建立中台事业群，包括搜索事业部、共享业务平台、数据技术及产品部，拆解原"烟囱式"的 IT 架构，提炼各个业务条线的共性需求并打造组件化的资源包，以接口的形式统一提供给前台业务部门使用，最大限度地减少"重复造轮子"的现象。此番 IT 架构和集团组织结构调整之后，阿里的核心能力以数字化形式沉淀到平台，形成"大中台，小前台"的内部 IT 架构（见图 4-5），打造了以服务为中心，由业务和数据中台构建起数据闭环运转的运营体系。与 Supercell 的中台模式相比，阿里巴巴的中台模式更侧重于资源整合，以减少资源浪费，并消除信息隔阂。

图 4-5　阿里巴巴的中台构建

阿里巴巴的中台模式具有以下 4 个特点：

① 共享服务体系

服务可重用。通过松耦合的服务带来业务的复用，不必为不同的前端业务开发严格对应的相同或者类似的服务。

服务被滋养。服务需要被滋养，只有受到滋养，最初仅提供单薄业务功能的服务才能逐渐转变为企业最宝贵的 IT 资产，而服务所需的滋养来自不断接入的新业务。

服务助创新。共享服务平台中的诸多服务可以通过重新编排、组合，快速响应市场，实现服务创新。

服务敢试错。共享服务平台具备快速编排、组合服务的能力，可以以较小的成本投入构建出一个新的前端业务。即使失败了，公司损失也很小。这在以传统模式构建的系统中几乎是不可能实现的。

② 提高中台封装能力

阿里巴巴的中台将各业务前端需要的商业能力进行模块化和封装化（见图 4-6），封装后的单元可以由前端业务部门直接调用，从而实现快速创新。

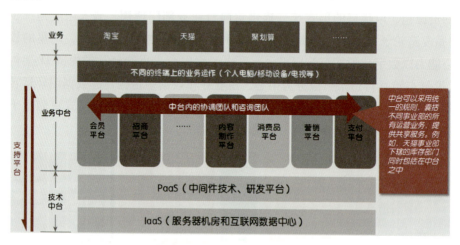

图 4-6　阿里巴巴的中台封装

③ 建立中台与前端协作机制

紧密沟通机制。不同业务规模给集团带来的收益价值有很大的差异，因此，业务中台要能够识别优先级更高的前端应用。对应到阿里巴巴集团业务中，淘宝、天猫、聚划算的业务重要性不言而喻，所以业务中台与这一类的用户建立了更紧密的沟通机制。

分歧升级机制。当中台与前端应用出现分歧时，一般按照业务负责的层级关系依次升级的原则来解决争端。通过这样的升级机制，可使出现的分歧在更高的层面上与前端应用方达成一致。

岗位轮转机制。阿里巴巴采用岗位轮换的方式配置人才资源，比如将业务中台某服务中心的负责人与天猫对口业务的负责人进行岗位对调，让双方在实际工作中更真切地感知到不同岗位对业务的不同理解。通过这样的方式，可以让原本口头上说起来容易的"换位思考"在现实中落地。

业务共建机制。当前端应用出现新增需求时，业务中台和前端应用方各自派出人员组建一个团队，共同负责新增需求业务功能的开发及中台能力沉淀。业务共建的模式能在最短的时间内实现业务功能，更好地满足前端业务方的要求。

（2）战略保障及绩效考核机制

阿里巴巴"大中台，小前台"运营模式的成功，与有效的战略制定及绩效考核机制是分不开的。在战略制定过程中，阿里巴巴应用了"自下（一线员工）而上（高层管理者）""自外（客户和合作伙伴）而内"的逻辑。自下而上和自外而内又形成了反馈闭环，让战略既具有一定高度，又符合一线业务实际。

阿里巴巴绩效考核的内容由 4 部分组成。其中，服务是重中之重，占比40%，保障业务中台的服务能力稳定是各服务运营团队的关键职责。业务创新占比25%，为了鼓励团队进行业务创新，允许少量因创新业务带来的事故发生，且不将其纳入业务稳定运行的考核中。服务接入量占比20%，主要考量服务能力的专业度及对外的服务运营能力。客户满意度占比15%，为避免业务中台人员滋生高傲自大的心态，定期对中台服务团队进行全方位的客户满意度调查。

4.1.2.4　华为的"精兵作战"模式

1）企业简介

华为创立于1987年，它抓住中国改革开放和信息与通信技术行业高速发展的历史机遇，坚持以客户为中心，以奋斗者为本，从一家立足于中国深圳特区、初始资本只有21000元的民营企业，稳健成长为全球领先的信息与通信解决方案供应商。

2）发展中面临的问题

高投入低产出。20世纪90年代，华为以IBM公司为标杆自找差距：华为的研发费用和周期是世界最佳水平的2倍，而人均效益只有IBM的1/6。

信息沟通不畅，缺乏有效协调。2006年，华为对一起招标失利事件进行总结，发现不同部门各自为战，导致不同部门对客户的承诺不一致，对企业形象产生负面影响。此外，公司员工敏感性和主动性不强，不能及时把握客户深层次的需求和变化，从而无法优化产品和服务体验，因而很难形成竞争优势。

业务数量增多，管理跨度加大。随着企业的发展，华为交付项目数量众多且大项目仍在增长，代表处的规模不断扩大，管理跨度和难度越来越大，划小经营管理单元的诉求越来越强烈。

3）特色运营模式

（1）流程再造

为解决研发方面"高投入低产出"的问题，华为进行了流程再造。在经过充分的调研与分析后，华为认识到，公司在产品研发方面的主要问题是研发活动缺乏计划性和严格的评审。为此，华为引入IBM的集成产品开发（integrated product development，IPD）体系，打破企业基于部门的管理结构，转向构建基于业务流程和生产线的管理结构，后陆续开展了集成供应链（integrated supply chain，ISC）等其他7条流程的构建（见图4-7）。

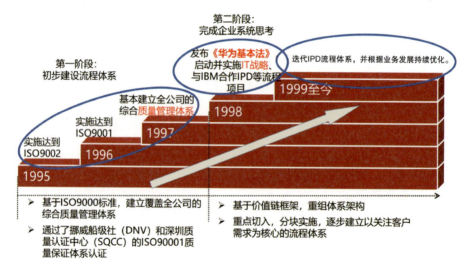

图4-7 华为公司流程体系建设历程

（2）"铁三角"模式

为解决人员、部门间"信息沟通不畅，缺乏有效协调"的问题，华为运用了平台化思维，创新构建了"铁三角"运营模式（见图4-8）。

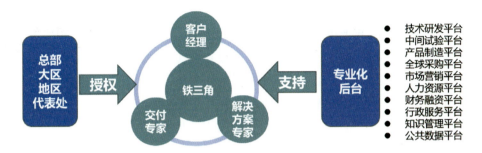

图 4-8　华为的"铁三角"模式

华为董事长任正非曾对这一模式做过阐述：一是让"听得见炮声的人"来决策；二是由客户经理、解决方案专家、交付专家组成工作小组，形成面向客户的"铁三角"作战单元；三是一线的作战要从客户经理的单兵作战转变为小团队作战。华为"铁三角"模式是华为从强调"个人英雄主义"向积极构建组织结构转型的产物。

（3）"眼镜蛇"组织结构

为解决"业务数量增多，管理跨度加深"的问题，华为提出构建"眼镜蛇"组织。"眼镜蛇"的头部即业务前端的项目经营，而其灵活运转、为捕捉机会提供支撑的骨骼系统，则为管理支撑体系。华为推行"让听得见炮声的人能呼唤到炮火"的改革，实施大平台支持精兵作战的战略，并逐步开始实施管理权和指挥权的分离。

华为的"让听得见炮声的人能呼唤到炮火"战略正是华为中台管理模式的形象化比喻，中台是为一线业务人员提供炮火的作战平台，而炮火正是中台能提供的资源。华为以组织为核心，以中台为承载，以改善客户体验为驱动提升运营能力，以技术发展促进产品创新，运营与生产双线发力，增强企业竞争力。

4.1.2.5　京东"积木型"模式

1）企业简介

京东是中国最大的自营式电商企业，在线销售计算机、手机及其他数码产品、家电、汽车配件、服装与鞋类、奢侈品、家居与家庭用品、化妆品与其他个人护理用品、食品与营养品、书籍与其他媒体产品、母婴用品与玩具、体育与健身器材，以及虚拟商品等 13 个大类商品。2021 年，京东活跃用户数达到 5.7 亿人，市值位居中国上市互联网企业排行榜前列。

2）发展中面临的问题

京东自 2012 年上市以后，其组织架构经历了三次重大变革。2012 年，京东大量引入职业经理人并对高管充分赋权。2017—2018 年，由于流量红利消退和拼多多等新平台崛起等外部环境的变化，京东开始从零售拓展到多业务。2018 年，京东将八大事业部变为三大事业群。

即将到来的"第四次零售革命"使得零售环境趋于不稳定（volatile）、不确定（uncertain）、复杂（complex）和模糊（ambiguous）。VUCA 化使组织面临很大的挑战：不稳定性要求企业的响应更加敏捷；不确定性意味着企业需要收集更加系统、全面的信息；复杂性要求企业进行组织重构；模糊性则需要企业带着开放的心态，对可能的机会进行试验求证。传统的管控式科层组织以"计划、管理、控制"为核心，难以适应未来无界零售时代的要求。

3）特色运营模式

（1）"积木型"组织架构

京东"积木型"组织架构的设计思路来源于乐高积木的标准化砖块——通过统一的接口，数千块乐高积木能够拼装成任何造型。京东希望通过打造"积木型"组织，打开业务环节之间的强耦合关系，让业务成为一个个可拆分、可配置、可组装的插件。对多个可选插件进行个性化组合，可以满足客户不同的偏好和需求。

京东的"积木型"组织分为前台、中台、后台三个部分（见图 4-9）。

其中，前台主要围绕 C 端（客户端）和 B 端（企业端）客户建立灵活、创新和快速响应的机制。中台主要通过沉淀、迭代和组件化，输出服务于前端不同场景的通用能力，不断适配前台。后台主要是为中、前台提供保障和专业化支持，包括为整个商城提供基础设施建设、服务与风险管控支持。

（2）运营管理创新举措

为帮助公司具备向"积木型"转变的能力，京东从组织管理机制、组织价值驱动、组织开放生态建设方面提出运营管理的三项革新举措：

建立客户导向的网络型组织。京东提出从客户导向出发，重新梳理内部分工，通过搭建平台架构，开放任务市场，将组织内部的管理关系从过去单一的垂直关系，转向更多的利益相关方的网状关系。

图 4-9　京东的组织架构

注：3C 电子产品，即计算机（computer）、通信（communication）和消费类电子产品（consume electronics）的总称。HRBP 即人力资源业务合作伙伴（human resource business parter）。

建立价值契约的钻石型组织。京东强调共享的目标、价值体系，真正通过事业的凝聚和利益的凝聚，促使整个组织变得纯粹、透明、坚韧、持久，成为人才可信赖的组织，增强人才的归属感。

建立竹林共生的生态型组织。竹林生态型组织以开放为中心，组织跟外部环境之间是一种跨界融合的关系。公司的人才发展理念更多地讲究开放、赋能、共创、包容。

4.1.3　案例启示

1）案例总结

通过对 Supercell、京瓷、阿里巴巴、华为、京东的案例分析，可以看出企业运营模式构建需要关注以下几个方面：

① 企业运营模式的构建要始终以快速响应客户需求为目标和准则。京瓷的"阿米巴"经营模式通过将组织分解成独立的小单元充分授权，可在市场快速变化时迅速做出反应。Supercell 倒金字塔组织结构中每一个团队都是一个独立的游戏产品的"负责人"，几乎所有关于这个游戏的决策都可以由这个小团队独自完成。从这些企业的做法可以看出，无论是建立小单元还是小团队，其目的都是为客户服务，快速响应客户需求，而中台作为有效的支撑，能够确保各业务单位灵活运转，形成高效散兵作战的模式。

② 在构建运营模式时，能力和数据复用的重心是为业务服务。Supercell 通过开发一些基础设施、内部工具和平台，为其他小分队提供研发工具和框架体系。阿里巴巴拆解原"烟囱式"IT 架构，以数字化形式构建业务中台和数据中台，提供给前台各业务部门使用。这个过程是对业务条线中共性内容进行提炼，形成一个个公共的组件，当启动一个新项目的时候，业务部门可抽取所需的资源组件，从而大大提高开发效率并降低出错可能性。

③ 中台体系构建的基础是数据积累及业务支撑。阿里巴巴中台体系的构建，与其原有的基础密不可分。如果没有之前数据与业务的支撑，中台战略的提出即是空中楼阁。同样，华为的"眼镜蛇组织"也需要后方系统的支持。京东的"积木型"组织也是在整合原有各种营销、数据、技术、物流、金融等数据的基础上实现的。

④ 各个企业虽有自己独特的管理模式，但均以人为中心。京瓷"阿米巴"模式通过明确职能和责任、完善绩效管理制度，极大地调动了员工的积极性。Supercell 的研发团队具有充分的自主权，可自己决定创意和想法，并给自己的项目设定目标。在中台体系构建中不仅要打破各个部门之间数据的壁垒，还要打破各个部门员工心理上的壁垒，让所有人积极主动地参与中台体系的构建。

⑤ 没有一种运营模式是普适的万能模式，企业要结合自身业务特征、运营特点进行整体考量。例如，阿里巴巴存在多种形态的前台业务，且当

这些业务在资源、场景、模式等方面存在共性特征时，借助中台战略来提升整体运营管理效能是相对可行的。但如果业务场景差异巨大，无法找到可重用的业务场景，那么中台作用就会大大受限。

2）运营模式构建启示

传统的企业组织模式往往是职能式的组织结构，组织计划的制订与执行是自上而下的。这种模式的主要问题如下：审批节点多，运营效率低，决策权集中在上层，对客户需求响应慢；数据等资源散落在不同的部门，数据口径不一致导致数据不统一，不能有效地支撑业务发展和产品创新；各部门分别建立信息系统和管理系统，出现"重复造轮子"的现象。而国内外企业运营模式的先进实践可以为以上问题提供有效的解决思路。

① Supercell：进行公共内容抽取，除能力复用外，还关注数据复用，重心是为业务服务，快速响应客户需求。

② 京瓷：对业务团队充分授权，构建灵活的前台，以便在市场快速变化时做出迅速反应。

③ 阿里巴巴：逐步剥离业务模块，成立共享业务事业部，拆解原"烟囱式"的 IT 架构，提炼各个业务条线的资源并打造成组件化的资源包，以接口的形式统一提供给前台业务部门使用。

④ 华为：以客户为中心，实现资源的有效整合；以客户需求为中心，打造满足市场需求的产品；以技术为中心，构建未来架构性的平台。

⑤ 京东：根据外部环境的变化及时调整组织结构；构建后台系统，提供基础设施建设、服务与风险管控支持，为中台、前台提供保障和专业化支持。

除了充分吸收以上成功经验外，在设计构建省级能源大数据中心运营模式时还需要注意以下 3 点：重构组织结构，使组织结构更加扁平，组织管理更为高效；打造灵活的前台系统，使决策前移，保持对客户需求的快速反应；打造中台系统，整合资源，实现能力复用，打破专业壁垒，实现横向协同（见图 4-10）。

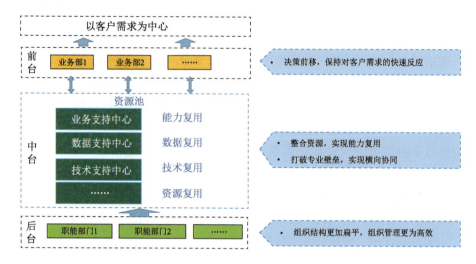

图 4-10　国内外企业运营模式的案例启示

4.2　数据中心运营管理的理论与实践

数字经济时代，数据中心越来越成为重要的战略核心资源，企业竞争进入大数据竞争时代。企业实现数字化转型，首先要根据自身的战略定位和业务布局，统一规划、分布建设自己的大数据中心，实现企业数据的高效整合、集中管理、科学运营。

4.2.1　数据中心运营管理的相关理论

大数据中心是完成数据的捕捉、存储、管理和分析的基础设施。它不仅包括计算机系统和其他与之配套的设备（如通信和存储系统），还包含冗余的数据通信连接、环境控制设备、监控设备及各种安全装置。它的特色在于依托云计算的分布式处理、分布式数据库和云存储、虚拟化技术，对海量数据进行分布式挖掘。

数据中心最初出现在 20 世纪 60 年代，主要用来容纳计算机系统、存储系统、电力设备等相关组件。20 世纪 90 年代初，"数据中心"一词开始流行，主要是指将服务器单独放在一个房间，通过布线连接设备。2000 年前后，互联网爆发式增长使得数据中心的需求大幅增加。到 2010 年，云数据中心开始出现，它通过超融合架构进行数据管理。近年来，用户流量习惯养成、5G 部署、云计算业务规模增长带来了数据量的大幅增长，大数据中心迅速发展。大数据中心已经成为智能经济的底层基础设施，建设大数据中心是产业数字化转型的必然要求，是国际竞争力新内涵的集中体现。

1）数字化运营管理理论

数字化运营管理就是实现公司的数字化运营，即将与公司运营相关的管理、市场、产品和人力资源全部数字化。在实现数字化运营的过程中，数字化管理的作用是将与数据相关的可复用和共享的资源集中起来，提供给各业务部门调用。不同部门在使用这一公共资源时互不影响，并且所有新功能都可以在此基础上进行扩展，从而有效避免出现"数据孤岛"。

（1）数字化运营战略

数字化运营战略是指通过数字化信息系统对企业用户、供应商之间的商业关系，以及核心业务流程进行管理。制定出一套行之有效且符合企业自身发展状况的数字化运营战略，可预测未来的用户、市场和竞争趋势，以及采取行动后对该趋势产生的影响。

战略层面构建的运营能力包括：企业数字化战略决策能力，如企业战略规划、数字化产业环境分析、企业价值主张等；数字化战略举措应对能力，如完备的、全状态的运营管理和分析决策能力，跟踪、分析、实现公司战略的能力；市场环境和竞争应对能力，如市场环境与竞争对手分析、数字化营销战略定位、业务分析与发展等能力。

在此基础上，数字化运营需要落地执行，因此在执行层面需要秉持"以用户为中心"的理念开展关键要素的运营，构建数据驱动和持续优化的运营机制，整合资源与内外部合作伙伴共同构建数字化运营的生态体系。

执行层面构建的运营能力包括：①"以用户为中心"的运营能力，指以用户为中心开展用户运营、产品设计、渠道推广、订单交付及用户服务工作，以提升用户体验，找到用户价值和企业收益之间新的结合点的能力。② 数字化运营管理能力，包括全局层面的运营长流程管控、状态管控、资源管理、规则管理、资源调配与动态调整等能力。③ 渠道运营能力，包括数字化渠道构建、全渠道协同、一致用户体验、全渠道统一管理运营等能力。④ 持续优化能力，包括各个运营环节的持续优化能力、整体运营机制的持续优化能力，以及通过高效的质量改进，实现运营效率持续提升的能力。⑤ 内外生态构建能力，包括构建完善的企业内外部基础环境的能力、与其他部门协作管理的能力、与合作伙伴的合作运营能力等。

除以上各项能力外，数字化运营能力还包括用户运营能力、产（商）品运营能力、营销推广能力、IT 支撑能力、数据驱动能力等。这些能力相互关联、互相影响，共同构建起数字化运营体系。

此外，数字化运营还要深度融入生态，实现内部资源的协同，在企业内部形成运营合力，并且要考虑实现物联网时代的万物协同，打造精细化的智能运营管理体系。

（2）数字化企业服务

当前，全球数字经济发展进入了 2.0 阶段，从信息化、SaaS 化、移动化再到 AI 化，技术迭代升级和以此为基础的企业服务能力提高是新一轮经济增长的动力。数字化企业是传统企业改变原有的组织架构、业务流程、商业模式以适应数字化运行模式的产物，它们能够更好地满足"以客户为中心"的数字化经济时代需求。实际上，数字化企业服务是企业基于经营的 4 个维度，对场景、用户、产品、运营和管理进行的全面数字化，企业可通过建立和完善横向化的业务平台，实现人物、物物、人人之间的全链接，在客户体验、运行效率、市场竞争等各个方面实现大幅度的提升。数字化企业服务是 B2B2C 模式，它通过服务实体企业进而服务他们的客户，既是效率优化工具，又是收入增长工具。大数据技术可促使企业产生新的管理、运营与商业模式。在数字产业领域、数字生活领域、数字社会领域，数字化已经成为企业提高运营效率和客户满意度的有力工具，既能帮助公司做大数据分析，智能化进行生产经营决策，协助城市实现智能化市政管理与城市交通运营，促使企业管理者与城市管理者创新与变革管理模式，又可以帮助企业开拓蓝海，实现创收。

（3）数字化平台建设

数字化平台是数字经济 2.0 的基础，通过数字化平台可以构建多主体共享的开放式协同生态体系，连接多个企业，实现群体需求对接，产生网络效应，进而实现多主体共赢。依托"云网端"新基础设施，互联网平台创造了全新的商业环境，构建了新型的连接方式与价值分配模式。信息流在经济供应链体系中的供应商与消费者之间顺畅流通，使得协作发展成为可能。数字化平台以交付基础设施、支撑企业资源服务化的应用程序接口（application program interface，API）和架构治理、产品团队数据自服务、创新实验基础设施和监控体系、支持全渠道的用户触点技术为主的形式呈现，由此可以看出传统企业在数字化进程中更需要哪些能力来克服技术障碍以支撑数字化平台建设。同时，企业要充分掌控自身积累的宝贵资产，实现快速交付与服务创新，积极改善用户体验，并实现生态系统的企业数字化转型。

在数字化平台建设过程中，首先，企业需要结合自身现实情况与数字化目标谋划构建数字化平台战略，稳步提升自身能力；其次，企业要积极设计与规划，了解业务优先级、技术形态、企业成熟度等，制定数字化平台战略目标和实施路径；再次，企业要根据数字化平台战略目标和实施路径，以咨询、交付、运营支撑等形式落地实施；最后，数字化平台投入使用后，要能促进企业提升 IT 团队效能、构建行业生态体系、提高业务创新效益。

具有典型特征的数字化平台有工业互联网平台、GE Predix、Salesforce、WorkDay 等，其典型特征如下：支持人、物和空间的广泛连接，方便信息和价值互换；提供开放式 API 供第三方开发者创新业务以拓展生态圈；易扩展以支持大规模用户。目前，数字化平台建设的示范效应推动企业"拥抱"产业平台，数字化运营已成为各行业谋求战略增长、重塑自身商业模式的时代主题。

2）数据中心运营管理体系模型

信息技术基础架构库（information technology infrastructure library，ITIL）是英国国家计算机与电信局（CCTA）于 1980 年开发的一套 IT 服务管理标准库，它把英国在 IT 管理方面的方法巧妙归纳起来，变成规范，为企业的 IT 部门提供一套从计划、研发、实施到运维的标准方法。经过 30 多年的发展，ITIL IT 服务管理（IT service management，ITSM）最佳实践框架的新版本 ITIL4 于 2019 年年初发布。

基于 ITIL 的数据中心运营管理体系模型包括服务战略、服务设计、服务转换、服务运营和服务改进 5 个主要部分，它以流程为核心，梳理 IT 部门应该包含的工作流程及各工作流程之间的相互关系。其中，服务战略是生命周期运转的轴心；服务设计、服务转换和服务运营是实施阶段；服务改进则基于定位和战略目标对有关的进程和项目进行优化改进。

4.2.2　数据中心运营管理领先实践

4.2.2.1　IBM 柔性架构的大数据平台

1) IBM 简介

国际商业机器公司或万国商业机器公司（international business machines corporation，IBM）始终以超前的技术、出色的管理和独树一帜的产品领导着全球信息工业的发展，满足了世界范围内几乎所有行业用户对信息处理的全方位需求。通过战略转型，IBM 的业务领域逐步从普通产品（如个人计算机、硬盘与内存芯片）转向高利润率的创新产品和服务，其中心业务也从提供个别技术与产品转为提供融合科技与服务的整合性解决方案。

随着云计算、大数据、社交媒体和移动互联网等技术的迅猛发展，数据和技术越来越多地渗入企业和组织与内、外部的互动中。随着业务的不断发展，企业和组织对于新技术的需求日益增长，如何帮助企业和组织利用新技术实现创新并在新互联网时代保持竞争优势变得越发重要。在这一社会背景下，IBM 进行了全面变革，致力于提供"IBM 即服务"，并确定了三大转型方向：借助数据推动行业和企业转型；在云计算时代重塑企业 IT；助力企业构建"客户参与体系"。

IBM 全球信息科技服务部（global technology services，GTS）全面践行转型策略，持续投资云计算，提供高价值服务，并推出了六大企业价值解决方案，包括 IBM 云计算解决方案、企业业务连续性解决方案、企业移动解决方案、企业基础架构解决方案、企业网络及终端管理解决方案、企业信息安全解决方案。数据中心是企业转型创新的动力源泉，从规划设计层面上，IBM 以云服务为驱动：在运营方面，持续进行优化，提高数据中心运营效率，并对数据中心实施云模式建设管理；在服务方面，转向以业务为驱动，实现从数据处理、服务交付中心到业务创新中心的转变，最终帮助企业借助数据中心实现创新转型。

2) 发展中面临的问题

（1）企业外部环境变化

消费者购买行为的变化和新技术的发展使得零售和消费品行业面临巨大的挑战，不断变化的市场形势、来自渠道的挑战、创新业务模式带来的压力和激烈竞争的市场环境要求 IBM 抓住时机，以开放的姿态面对各种影响，注重数字与实体的融合和创新。

如何与客户共享话语权并积极构建新的业务模式？如何借助数字化装备重塑工作方式、拓展视野并实现新的价值？IBM 必须通过数字化重塑企业，在转型思路、模式选择、体验改进、渠道融合及运营提升等方面加速转型；同时，需建立与业务转型相适应的企业数字化平台，赋能企业经营模式转型升级，赋能业务经营能力及效率提升，赋能新技术的整合利用，助力企业在数字化时代赢得新竞争优势。

（2）企业内部数据应用问题突出

IBM 企业内部数据应用曾面临"缺、重、散、慢、繁、差"的问题。

缺：企业内数据定义缺失，数据项缺失，数据属性不完整；企业外部数据无暇顾及。

重：数据在多个系统中重复采集、重复存储。

散：系统数据无法关联、共享，数据整合困难；系统林立，"数出多门"。

慢：数据时效性差，使用者无法及时获取所需信息。

繁：数据使用方法繁琐。

差：手工报表多；数据质量差，数据不完整，数据不一致。

数据应用问题如长期存在将导致以下问题：一是摸不透自身状况；二是看不清经营环境；三是抓不住市场先机；四是赢不了未来竞争。

3）特色运营模式

（1）搭建企业数字化平台

企业数字化平台（见图 4-11）是 IBM 数字化转型的核心引擎。IBM 通过搭建数字化平台，赋能各业务单元，支持其数字化业务运营及升级：在搭建统一技术中台的同时，通过 API 开放平台，赋能各业务单元、经销商、供应商等合作伙伴；基于数字化平台形成大数据分析能力，洞察与挖掘用户需求，提供最佳的消费体验；利用数据中台的大数据分析能力，将业务交易数据同步汇总到中台进行统计分析，并用统计图表展示出来。此外，IBM 加快创新应用上线，抓住了瞬息万变的市场机遇：主动服务生态圈，平台支持包括总部在内的 5 个业务单元实现 19 个数字化应用项目的建设。原来需要 7~9 个月搭建完成的系统，仅用时 3 个月就快速上线，并保持平稳运行。

IBM 基于企业在电子商务、全渠道转型和数字化重塑方面 10 多年的咨询与实施经验，总结自身的数字化重塑实践，提出传统企业数字化平台的建设需要聚焦以下五大功能平台。

图 4-11 IBM 企业数字化平台

全触点应用。建设目标：重塑消费者全触点体验，武装一线，实现精兵作战。核心能力：面向 C 端消费者，重塑消费者体验；面向一线员工、合作伙伴，武装精兵作战。

数字化运营平台。建设目标：以重塑用户体验为核心，全面支持企业数字化转型战略有效落地。核心能力：重塑客户体验；武装精兵作战；打造坚强后盾。

数字化开放平台。建设目标：立足平台，辐射全局，打造企业生态圈。核心能力：利用 API 开放平台，降低管理成本和安全风险，加速企业业务能力的输出，帮助企业快速构建自己的生态圈。

大数据平台。建设目标：洞察客户、高效运营、创新支持。核心能力：数据采集与集成、数据存储、计算分析、数据消费。

数字化交付平台。建设目标：快速响应、敏捷创新、持续交付、安全高效。核心能力：移动应用平台快速开发，微服务平台快速开发，平台持续交付，平台基础技术。

（2）赋能数字化转型

IBM 数字化平台全方位赋能企业的数字化重塑战略有效落地，推动组织、流程、人员及 IT 的全面转型升级。

赋能新体验。重塑体验：基于全触点应用、数字化运营平台为客户、员工和其他相关者提供差异化新型体验，提升互动、服务及管理效能。

赋能新焦点。新业务模式：基于数字化运营平台和开放平台构建高效、无缝的新型全渠道覆盖体系；基于数字化交付平台和开放平台，通过技术与服务输出创新企业盈利模式。市场激活：利用大数据平台洞察客户与市场，利用数字化运营平台及应用构建高效的营销推广体系，并借助社交工具增强与客户的互动。

赋能新技能。数字化人才：利用数字化运营平台和数字化应用，武装一线员工，并借助数字化手段重塑企业员工的数字化经营理念和机制，实现精兵作战。生态链接：利用数字化运营平台和开放平台，链接外部电商、社交、营销及合作商等平台，构建品牌营销、商品销售、会员互动与服务生态圈。

赋能新方式。敏捷运营：利用数字化运营平台提升企业智慧运营能力，支持新业务模式、市场激活、数字化人才及生态链接的有效实现。可行洞察：利用大数据平台实现客户洞察、商品洞察、运营洞察，支持数字化营销、敏捷创新与高效运营。

平台自我赋能。自我赋能：利用数字化平台的交付平台能力，更高效、敏捷地支持全触点应用、运营平台、开放平台及大数据平台的迭代建设。

（3）构建"柔性化"大数据平台

企业架构方法论和云计算技术让建立柔性架构成为可能，基于企业架构元模型，建立柔性的架构需要实现业务、应用、数据、技术4个架构层面的解耦。

业务—应用/数据：业务活动在业务架构和应用架构（大数据平台）间具有承上启下的作用，可以从业务类型和业务活动类型两个维度划分，前者主要体现业务差异，后者更多体现数据平台能力要求。业务活动可以稳定地分为决策类、管理类、执行类和分析类4种，因此业务与IT的解耦可通过4类业务活动支撑实现。

应用—数据：应用和数据共同承接了业务，数据实体也承接了应用交互，因此两者解耦的核心是数据实体。通过建立稳定的、弹性的企业级大数据模型及数据整合与存储区域，保证未来应用对数据操作的可扩展性，以及屏蔽应用对底层数据直接访问等数据服务可实现应用与数据的解耦。

应用/数据—技术：系统组件承接了应用和数据，因此要实现该层面的解耦，需要解除系统组件对应用的依赖，这可以通过建立应用开发平台、数据交换平台和数据管控平台加以实现。同时，可基于云计算的弹性扩展和虚拟化技术实现系统组件与基础设施的解耦。

4.2.2.2 美国能源信息管理局大数据中心

1）美国能源信息管理局简介

美国能源信息管理局（EIA）创建于 1977 年，是美国能源部的统计和分析机构，是美国主要的能源信息提供者。EIA 收集、分析和传播独立而公正的能源信息，以促进健全的政策制定、高效的市场运营，以及公众对能源及其与经济和环境相互作用的理解。EIA 具有全面的数据收集计划，提供信息丰富的能源相关分析，包括能源市场趋势的每月短期预测，以及美国和国际能源的长期前景预测，并通过其网站传播相关数据、分析等。

2）发展中面临的问题

（1）能源危机暴露出信息收集与分析的不足

发生于 20 世纪 70 年代的能源危机，让美国暴露出在能源有关信息收集和分析方面的不足。为了满足联邦政府对与能源有关的信息的收集、评估和分析的需要，1974 年美国联邦能源署创建成立，其具有收集、汇总、评估和分析能源信息的能力，同时向联邦政府、州政府和公众提供与能源相关信息和预测，向国会提供能源信息的年度报告。

（2）其他领域能源信息欠缺

随着能源产业的不断发展，美国出现了多领域能源信息欠缺的问题。为了解决这一问题，联邦政府要求 EIA 在多个领域扩展其数据收集和分析业务，包括能源消耗、替代燃料和使用替代燃料的车辆、温室气体排放、化石燃料的运输速度和分配方式、可再生能源的电力生产等。

（3）可再生燃料产业兴起

随着可再生燃料产业的不断发展，美国对能源数据收集及分析的需求越来越大。2005 年美国政府颁布《国家能源政策法》，要求在可再生燃料领域开展几项新的活动，包括：列出可供消费者使用的可再生燃料清单及对未来库存的预测；对可再生燃料混合开展研究；对有关可再生燃料的生产、混合、进口、需求和价格开展每月调查。

（4）数据收集质量低且范围小

为了提高 EIA 数据收集的质量、扩大数据收集范围，美国政府要求 EIA 制订 5 年计划，开展对州级数据的收集和分析，并对炼油厂停运及其对石油产品供应和价格的影响进行半年度分析。

3）特色运营模式

（1）建立公开开放的数据共享平台

eia.gov 是美国能源信息管理局建设的公开的数据共享平台，也是 EIA 与联邦、州和地方政府，以及学术界和研究界、商业界和工业界、外国政府和国际组织、新闻媒体、金融机构、普通公众等机构、组织及个人的主要沟通渠道，还是该机构的全球能源信息联络点。

（2）提供丰富的数据产品与服务

EIA 收集了很多能源信息及数据，并通过报告、Web 产品、新闻稿、数据浏览器、API 和地图等多种方式公开发布。EIA 每天、每周、每月、每年或根据需要定期发布信息。EIA 的产品涉及某些特定的能源行业和燃料领域，产品信息包含相关数据分析和预测，以及不同燃料或能源用途的综合视图等。

（3）建立高效的数据管理机制

美国能源信息管理局致力于通过 API 和开放数据工具提供免费和开放的数据，以便更好地为客户提供服务。

EIA 对数据进行处理和发布遵守以下准则：一是管理和预算办公室制定的信息质量准则；二是能源部制定的信息质量指南；三是环境影响评估信息质量准则（包括使用可靠的数据源、使用合理的分析和预测技术、强调质量、在传播之前对信息进行质量审查、提供有关方法和数据质量问题的信息、更正错误并发布先前发布的信息的修订版）；四是客观、高效、廉洁、透明。

（4）建立扁平高效的组织体系

EIA 的组织结构扁平高效，下设资源与技术管理处、能源统计处、能源分析处 3 个部门。

资源与技术管理处：资源与技术管理处对机构范围内的信息技术治理、政策和运营、综合计划、预算、采购、计划评估和项目管理活动进行监督和指导，并为多样化的内部和外部客户群提供通信服务。

能源统计处：能源统计处为 EIA 提供数据收集计划指导，该计划涵盖范围广泛的信息源，运用各种公开可用的数据支持 EIA 对相关信息的分析和传播。

能源分析处：能源分析处负责分析能源供应、需求和价格，以及金融市场对能源市场的影响；编写当前和未来能源使用报告；分析能源政策的影响；开发能源信息分析先进技术。

（5）注重与客户和利益相关者的互动

EIA 拥有广泛的客户和利益相关者，并以各种方式与他们互动，倾听其意见并做出反馈，从而制定健全的政策，推动高效运转的市场的建立，增进公众对能源及其与经济和环境相互作用的理解。

与外部组织联系。EIA 通过多种不同的渠道与外部利益相关者合作，EIA 办事处定期与外部组织举行会议。

进行独立专家审查。1980 年以来，EIA 一直采用"独立专家审查计划"，借助外部专家对机构的数据和分析工作进行技术审查，确保为客户和数据用户提供高质量的产品。

调查客户满意度。EIA 自 20 世纪 90 年代初就开始调查客户满意度，每年至少进行一次代理商范围内的客户调查，较早的调查通过电话或书面方式进行，而较新的调查通过网络形式进行。

进行可用性测试。一对一的用户测试为 EIA Web 产品开发人员提供了能够看到真实的用户浏览内容和应用程序的机会。

4.2.2.3　阿里巴巴大数据中心

1）千岛湖数据中心概况

阿里云千岛湖数据中心建筑面积达 30000 平方米，共 11 层，可容纳至少 5 万台设备。从创新技术采用方面看，作为水冷驱动的工业数据中心建设的模板，它具有很强的代表性。数据中心 90% 的时间不需要用电制冷。深层湖水通过完全密闭的管道流经数据中心，帮助服务器降温，再流经长 2.5 千米的青溪新城中轴溪，成为城市一道亮丽的景观，自然冷却后回到千岛湖。此外，千岛湖数据中心还广泛采用光伏太阳能、水力发电等可再生能源，服务器余热也被回收用于办公区采暖。千岛湖数据中心设计年平均 PUE 低于 1.3，最低 PUE 达到 1.17；设计年平均水分利用率（water use efficiency，WUE）可达到 0.197。

2）发展中面临的问题

（1）市场和技术面临的挑战

在组织外部，用户需求正在发生快速变化，个性化消费逐渐兴起，市场的不确定性与日俱增。同时，用户希望通过市场交易满足多元化需求，而不仅仅是满足单一需求。此外，随着共享经济的迅速发展，用户满足需求的方式也发生了变化，消费者从"孤陋寡闻"变得"见多识广"，由分散孤立走向相互连接，由消极被动转向积极参与，市场环境因此发生重大变化。

　　基于传统的集中式的 IT 架构与应用模式已无法应对爆炸式的业务增长，即便追加巨额的 IT 投资，购买的软硬件也未必能跟上业务发展的速度。因此，能够灵活、敏捷应对业务需求变化的应用架构已逐渐成为潮流，云计算、微服务化架构体系成为大型企业信息化转型的重要方向。

　　（2）数据应用存在的问题

　　数据不统一：标准规范不统一、命名不统一、定义不统一、计算逻辑不统一，导致业务响应慢。

　　数据未打通：存在"信息孤岛"现象，缺乏有效融通，价值挖掘不充分。

　　维护困难：源系统或业务变更与数据不同步，数据质量难以保障。

　　时效性差：重复建设导致任务链冗长、任务繁多，计算资源紧张，数据批量计算实时性不强且范围窄、即时查询返回结果慢等。

　　3）特色运营模式

　　（1）创新数据平台架构

　　阿里巴巴内部大数据团队进行了探索、实践，将经验沉淀为方法、工具，并从实际场景出发，不断迭代，逐渐形成了阿里巴巴大数据能力的框架（即 3 个 "One"：One Data，One ID，One Service），进而推动阿里巴巴数据中台的建设。其中，One Data 大数据能力框架落地成为今天的 Dataphin。作为阿里大数据能力的集大成者，Dataphin 继承了阿里数据领先的技术优势：一是代码自动化生产，新颖且具有通用性；二是降低了企业数仓建设的复杂度。

　　（2）组织架构平台化

　　开发数据处理服务（open data processing service，ODPS）是阿里巴巴通用计算平台提供的一种快速、完全托管的 GB/TB/PB 级数据仓库解决方案，现已更名为 Max Compute。Max Compute 向用户提供了完善的数据导入方案及多种经典的分布式计算模型，能够更快速地帮助用户解决海量数据计算问题，有效降低企业成本，并保障数据安全。同时，大数据开发套件和 Max Compute 关系紧密，它为 Max Compute 提供了一站式的数据同步、任务开发、数据工作流开发、数据管理和数据运维等功能。

　　阿里巴巴作为典型的互联网企业，是中台战略的先驱者。目前，除少数几项拥有私有集群的业务外，阿里巴巴其他业务的底层平台通过 ODPS（Max Compute）实现了统一化操作。底层平台是一个公共的资源池，各条线可以在同一平台上运行自己的业务；为满足各条业务线数据、服务和数据源共享的需求，阿里巴巴设立了"数据仓库"平台，以实现数据与服务的快速对接。为实现对大数据的有效运用，阿里巴巴基于中台战略对大数据的组织架构进行了重排和优化（见图4-12）。

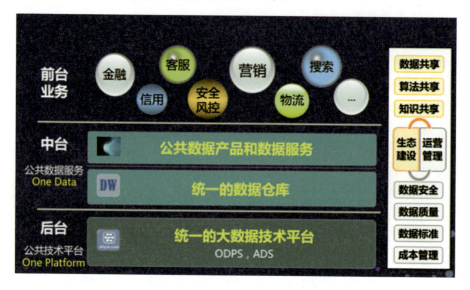

图4-12　阿里巴巴大数据体系架构

注：ADS 即 Aliyun distributed storage（阿里云研分布式数据库）。

前台部门针对各种大数据业务提供个性化的前台服务，主要业务包括商业智能、大数据搜索、个性化推荐、广告、阿里金融等。

中台部门是阿里巴巴的基础数据仓库平台。部门主要负责对接各个业务部门的数据源，进行数据清洗、数据仓库建模；分析共有数据，如用户表、交易表，满足部门的共性需求；满足前台业务方需求，前台业务方可以向中台提出个性化数据要求，中台部门根据具体实际考虑是否满足前台部门特定需求。

后台部门主要是指 ODPS（Max Compute），后台包含各种计算模型，主要的计算模型有 3 种：一是结构化查询语言（structured query language，SQL）；二是 MapReduce 任务；三是机器学习。

4.2.2.4　华为大数据平台——FusionInsight HD

1）华为 FusionInsight HD 平台简介

华为 FusionInsight 平台围绕大数据提供了系列产品，最主要的是与 Hadoop 兼容的开源平台 FusionInsight HD 平台、MPPDB（大规模并行处理数据库）平台、数据挖掘和人工智能平台，以及数据智慧平台。其中，FusionInsight HD 是一个融合的大数据平台，可满足各种用户需求同时混合负载、开放应用。

针对离线处理场景，FusionInsight HD 通过如下组件来实现任务目标：HDFS（分布式文件系统）负责存储所有数据；Yarn（分布式的资源管理系统）负责调度在离线平台上运行的所有任务；MapReduce（并行计算软件框架）和 Hive（数据仓库工具）专门处理离线的具体任务，其中 MapReduce 处理非 SQL 类任务、Hive 处理 SQL 类任务，另外两个组件——Spark 和 Spark SQL，作用与 MapReduce 和 Hive 相同。借助上述组件及数据采集组件（FusionInsight HD 提供了很多功能和组件），即可完成离线处理。

FusionInsight 运维系统由 OMS（操作维护系统的管理节点）和 OMA（操作维护系统的被管理节点）组成。作为运维系统，FusionInsight Manager 使 FusionInsight HD 具备了可靠、安全、容错、易用的集群管理能力，支持大规模集群的安装部署、监控、告警、用户管理、权限管理、审计、服务管理、健康检查、问题定位、升级和补丁等。

2）发展中面临的问题

（1）内部信息化建设缓慢

2004 年开始，云服务得到大力发展，当时华为内部拥有 8 万研发员工，建设了 130 万个虚拟主机的私有云，需要大量的数据中心来支撑内部的数字化、信息化发展。为了加快信息化建设步伐，华为开始注重数据中心的建设。

（2）基础设施难以满足国外业务的需求

华为的业务逐渐从国内延伸到海外，2005 年国外业务首次超过国内，当时基础设施已满足不了发展的需求。为了同步更新数据中心，华为建设了区域数据中心及企业灾备数据中心。

（3）难以快速响应客户的需求

华为在服务内部业务的同时，还需要满足全球 180 多个国家和地区的客户的需求。非洲、拉丁美洲等地客户，距离中国区的数据中心遥远，其点击页面后响应时间少于 3 秒的需求难以满足。为了解决此问题，华为站在用户的视角，开始在全球分布式建设数据中心，以支撑更多的服务器部署，以及更大的计算能力、存储能力、网络交换能力需求满足。

3）特色运营模式

华为数据中心在运营方面主要采取极简运营、绿色运营、智能运营、安全运营等模式。

（1）极简运营

为了帮助数据中心实现安全运行、简单高效运维，华为在研发过程中一直努力发现并总结经验，经过多年的技术积累及深入探索，华为推出数据中心基础设施管理系统（data center infrastructure management plus），并坚持信息技术与电力电子技术融合的"数字化、网络化、智能化"核心理念，积极探索行业的多元化需求，充分发挥自身技术创新及能效管理优势，建设极简的数据中心运营体系。

（2）绿色运营

在数据中心绿色节能方面，华为秉承数字化、网络化、智能化理念，从小型分支机构到总部中大型数据中心，均提供不间断电源、精密空调、数据中心管理系统及整体的智能微模块、预制数据中心解决方案，支持快速部署，平滑演进，让数据中心基础设施更加简单、高效、可靠，对推动整个市场环境的健康有序发展起到了重要的推动作用。

（3）智能运营

数据中心运维是数据中心持续高效运营的保证。华为智能运维平台实现了从"全景监测"到"自动化监控"，从"基于规则的故障发现"到"基于 AI 机器学习的故障预知"的技术突破，基于专业化的运维服务团队，实现了数据中心运维"自动驾驶"，运维操作从以前的多步压缩至最少一步，运维效率大大提升。

（4）安全运营

华为高端防火墙部署在大型数据中心出口，提供高性能、高密度、高可用性、高安全性的网络安全基础架构。部署高性能的防火墙，可实现安全域隔离，将数据中心划分为外联区和核心区，对各域之间的流量进行安全防护，有效避免网络风暴扩散，保障网络安全；通过配置高性能的 USG（unified security gateway）设备，可实现屏蔽可疑源地址安全策略；通过配置虚拟防火墙，可实现 2 层到 7 层的虚拟系统隔离；通过资源预分配，可控制虚拟防火墙的进出流量和会话连接数；通过配置公网 IP 限流，可防止某个 IP 占用过量带宽等。

4.2.2.5 京东集团大数据创新服务平台

1）京东集团大数据创新服务平台简介

2010 年，京东集团启动了大数据领域的研发和应用探索工作，正式组建京东大数据部，并确立了数据集中式的数据服务模式，成为企业大数据最早的实践者之一。随着京东业务的发展，京东大数据平台由原来的传统数据仓库模式逐步演变为基于 Hadoop 的分布式计算架构，技术领域覆盖 Hadoop，Kubernetes，Spark，Hive，Alluxio，Presto，Hbase，Storm，Flink，Kafka 等大数据全生态体系。经过 8 年的持续投入，京东大数据已成为企业大数据的领跑者。2018 年《京东大数据技术白皮书》发布，当时企业已拥有集群规模 40000$^+$ 服务器，单集群规模达到 7000$^+$ 台，数据规模达 800 PB$^+$，日运行 JOB 数 100 万$^+$，业务表 900 万$^+$。每日的离线数据处理 30 PB$^+$，实时计算每天消费数据记录近万亿条。

2）发展中面临的问题

京东大数据平台在运营过程中主要面临的问题为网络环境愈发严峻与业务要求日益提高。

（1）网络环境愈发严峻

随着网络规模的不断扩大，业务场景越来越复杂，网络抖动问题也越发明显。网络环境对于运维工作量和效率提出了更高的要求。例如，业务方提出将 500 台服务器从单网卡改为双网卡的绑定；同期发生几起不易定位原因的故障需要分析排查，这些都会大量消耗运维力量。

（2）业务要求日益提高

之前京东大数据中心业务要求相对简单，带宽不够则做成 1∶1 收敛比，设备可靠性不够则增加冗余，容量不够则扩大规模。现在业务对超大容量规模数据中心、超大容量路由表项、低延时、25G/40G 差异化接入都提出了更高的要求，特别是对网络稳定性的要求很高。网络团队需要更全面、精细地感知网络，一方面，快速发现和定位问题，减少重复问题的发生；另一方面，制订有效的应急预案，确保高水准的网络可用性。此外，业务部门希望获得更多的网络信息和数据，以更好地进行部署、管理和调度，如及时准确地获取主机 IP 网络接入位置信息、流量和网络质量信息等，这就需要网络团队开放更多的 API 和功能来支持上层应用。

3）特色运营模式

（1）"智能营销"为电子商务及零售业创新提供服务

对电商平台或商户而言，吸引新用户并留住老用户是经营活动的关键。其中，维护老用户的成本低、收益高，同时促使老用户跨品类购买，对提升客户忠诚度的作用大。因此，在营销中，识别新老用户、识别用户对促销的反应等，对提高销售率、降低成本效果明显。京东应用智能化、个性化的用户识别和营销工具"MKT智能营销"带来了营销用户识别200%以上的提升和营销响应100%以上的提升，同时对相应的模型和算法，以及运营过程的数据化工具进行持续优化，达到了精准营销的目的。

"MKT智能营销"是一款面向客户全生命周期的个性化营销工具。它基于大数据平台成熟的离线和在线数据采集、处理工具，以及智能平台多样化的算法，通过分析引入、成长、成熟、流失等各个阶段客户和平台商户的交互历史和当前数据，预测客户对各种商品（在品类、最小存量单位等各种维度）的反应和对各种促销工具的反应。在实际应用中，"MKT智能营销"促销的效率较非智能化、个性化的系统提升了20%以上。

（2）从消费者到企业的产业组织模式

京东基于消费需求动态感知数据，服务制造商的研发、生产，逐步形成了C2B（从消费者到企业）的产业组织模式。

"京东慧眼"是一套服务于电商C2B定制的大数据建模体系，通过对京东亿级用户的消费行为进行大数据建模，把消费者的真实需求挖掘出来提供给制造商，实现C2B反向定制，让真正符合用户预期的产品得以诞生。

"京东慧眼"从全流程上为生产制造厂商提速。在渠道上，"京东慧眼"反向定制模式可以让生产商成本降低，从而在价格上更有竞争力；在营销上，"京东慧眼"互联网营销方式可以实现更快、更广、更强的推广效果。此外，基于用户需求的大数据分析，"京东慧眼"还参与到合作厂商的产品研发和备货中，这种C2B模式可使厂商的产品更符合受众的预期。

4.2.3　案例启示

1）案例总结

通过对IBM柔性架构的大数据平台、美国能源信息管理局大数据中心、阿里巴巴大数据中心、华为FusionInsight HD大数据平台、京东集团大数据创新服务平台的案例研究，可以将大数据中心运营管理的要点总结为以下两个方面。

（1）以多种方式提高基础设施运营效率

IBM采用柔性的组织架构，强调灵活开放，并通过分析业务与决策业务的具体应用提高了相关业务的运营效率；美国能源信息管理局通过建立公开开放的数据共享平台、提供丰富的数据产品与服务、建立高效的数据管理机制、建立扁平高效的组织体系、注重与客户和利益相关者的互动等方式提高了运营效率；阿里巴巴通过数据上云、数据打通、数据化运营等多项举措提高运营效率；华为以"数字化、网络化、智能化"为核心理念，积极探索行业的多元化需求，充分发挥自身技术创新及能效管理优势，形成了极简的数据中心运营体系，提高了运营效率；京东通过"京东慧眼"对亿级用户消费行为进行大数据建模，把消费者的真实需求提供给制造商，实现反向定制，真正做到以用户为中心。

（2）在实际运营过程中，积极制定发展策略

① 建立柔性的大数据中心，透明管控，科学运营；对大数据中心相关业务进行分解，形成管控闭环；以共享平台驱动业务创造力持续提升。

② 建立大数据中心的数据治理与资产运营管理体系；形成符合大数据中心运作的组织架构；优化人员配置，加强以大数据中心为资源池的跨部门联系。

③ 统一平台，标准化数据，突破"数据孤岛"；资源共享，弹性分配，实现跨部门交互；数据隔离，管理分权，各部门对自身数据可独立管理；数据智能化，形成智慧大脑，预先洞察未来。

④ 以"极简、绿色、智能、安全"的理念来构建数据平台，不仅可大大缩减劳动成本，节约大量数据中心的用电，还能实现数据中心运维"自动驾驶"，提高运维效率。

⑤ 满足业务需求的人、制度、监控管理是提高运维效率的关键因素。其中，人是数据中心IT设施运维管理的基础，也是管理的核心。给每个独立的数据中心模块建立完整并实时更新的设备台账，利用企业总控中心（enterprise control center，ECC）的综合智能监控管理平台，可以实现对数据中心各设备和系统的统一监控与管理，提高整个系统的运行可靠性、稳定性和扩展性，实现机房的科学管理。

2）运营模式构建启示

目前，国内能源大数据中心在运营管理中存在以下问题：采用烟囱式的结构，产品开发时间长，资源利用效率低；数据时效和融合能力不够，难以快速响应前端一线业务；业务开发往往是被动的，缺少对业务复用性、延续性的考虑，影响对市场变化的及时反应，创新能力不足。而国内外大数据中心领先实践可以为以上问题提供有效的解决思路。

① 京东大数据中心：以大数据为基础，助推行业创新和商业模式创新；开放大数据资源，推进大数据融合、共享和交易。

② IBM 大数据中心：具有快速响应、共创共赢的敏捷执行力，通过跨部门、跨领域的方式进行产品和服务创新；通过持续、敏捷的迭代，实现新业务从零到一的突破。

③ 美国能源信息管理局：扁平化的组织机构要求围绕流程而不是部门建立职能。

④ 阿里巴巴大数据中心：为实现对大数据的良好运用，对大数据的组织架构进行了重排和优化，实现了组织结构平台化；各条业务线在同一平台上运行自己的业务，通过统一的大数据平台，实现数据与服务的快速对接；数据大集中，资源共享，弹性分配。

⑤ 华为大数据中心：进行业务流程重整，准确定位各部门和各职位的职责，不断缩减审批数量、缩短和优化流程，使管理体系具有可移植性。

充分吸收以上成功经验，在设计构建省级能源大数据中心运营模式时，需要注意以下 3 点：一是以市场需求为核心，从战略角度开展产品的规划，并进行运营流程、商业模式的不断优化及创新；二是采用分布式架构开发方式，以增强扩展性和弹性伸缩能力适应多业务场景开发的需要；三是构建平台型组织架构，打造组件化资源包，实现资源的整合和重用，形成规范化、标准化的服务能力，不断推动创新（见图 4-13）。

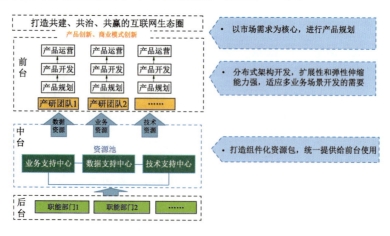

图 4-13 省级能源大数据中心构建思路

探索能源大数据中心运营模式，形成省级能源大数据中心建设应用管理经验，是适应全球数字经济发展趋势、贯彻落实国家大数据发展战略的切实需求，将有利于在全国率先形成优势引领示范效应。能源大数据中心运营模式的构建将有效解决重复建设、资源浪费、数据不统一、系统间交换难等问题，形成更具创新性、灵活性的组织机制和业务机制，真正实现"以用户为中心的持续化规模创新"的目标，形成一套快速反应、快速推进、可复用的科学的运营管理体系，有效指导省级能源大数据中心的建设和运营。

第5章 省级能源大数据中心运营模式构建

5.1 功能定位

省级能源大数据中心（自本章起，若无其他特指，本书所提"能源大数据中心"均指"省级能源大数据中心"）运营模式的构建要从自身功能定位出发，满足数字化时代客户个性化的需求及业务融合的需要。能源大数据中心的建设应以智能化、集约化、模块化为方向，实现"平台开放、数据融合、应用众创、安全可靠、运营规范"，服务政府、企业、公众等多方面的需求，引领能源行业创新融合发展，有力支撑能源生产和消费革命，打造能源大数据发展生态圈。

在服务政府方面，能源大数据中心将实现能源领域数据聚集，满足政府对能源规划、运行态势等行业管理与监督的需求，服务政府精准施策，服务"双碳"目标、能源转型等重大战略。

在服务企业方面，能源大数据中心将为能源企业提供数据资源共享、企业应用上云、新能源集中监测等服务，推动能源产业联盟，开拓能源行业资源共享、合作共赢的新局面；为工业企业提供用能诊断、代运代维、能耗对标等服务，促进企业节能减排降耗，推动产业基础高级化、现代化。

在服务公众方面，能源大数据中心将满足公众智慧、便捷的用能需求，推动公众降低用能成本，运用大数据保障、改善民生。

5.2 构建要求

进入数字化时代，客户需求层次及品质诉求不断提高，倒逼能源大数据中心持续变革与升级。客户需求变化加速并日趋个性化、多样化，要求能源大数据中心构建更简单、更扁平的体系，洞悉客户需求，并快速响应。

随着客户主权意识的崛起，客户越来越关注重对产品与服务信息对称的知情权，这要求能源大数据中心更加开放。客户的价值诉求不再是单一的功能诉求，而是一体化的体验价值、整体价值诉求，这要求能源大数据中心打破基于严格分工的功能式组织结构，整合内外资源，为客户提供一体化的价值体验与业务场景价值体验。

数字时代是协作的时代。当前，以业务多元化为特质的能源大数据中心面临业务融合、资源互享等管理难题，老业务与新业务、主业务与辅业务并非对立的关系，而是紧密关联。为进一步推进业务之间的深度融合，能源大数据中心应树立开放、合作、共享理念，汇聚各类资源，促进供需对接、要素重组、融通创新，带动产业链上下游共同发展，打造共建、共治、共赢的能源互联网生态圈。

因此，在设计能源大数据中心运营模式时，应从以下 6 个方面出发：一是专业协同，对内提质增效，对外提升服务水平；二是业务耦合，新兴业务和传统业务全面耦合；三是资源共享，打破传统业务（新兴业务）模式的界限，实现对内多元业务的资源无边界、客户无边界、技术无边界、人员无边界；四是创新发展，增强组织面向未来的能力，推动新业务突破与体系化发展；五是内外联盟，建立组织与系统内外部相关单位的合作联盟关系；六是开放共享，打破组织边界，与政府、外部机构、消费者开放共享，构建行业生态。

能源大数据中心运营模式最终要实现流程、客户、任务、能力、资源、人才 6 个方面的协同。

① 流程协同。构建基于客户现实需求的、端对端的主干流程体系。在流程推进过程中，打破专业和部门限制，以流程节点的快速推进为首要目标，真正实现跨部门或跨专业的流程协同。

② 客户协同。以客户需求为中心，打破界限，统一客户服务工作界面，为客户提供系统解决方案。

③ 任务协同。在任务推进过程中，需要各方参与时，参与者要及时跟进，并处理好临时性工作和常规性工作的关系。

④ 能力协同。前台提升经营能力，中台提高交付效率，双方共同努力提升中心服务市场的能力。中台应具备"经营思维"，为前台提供资源和服务；前台要具有敏感性，通过各种形式打破技术、交付、市场壁垒，实现能力协同。

⑤ 资源协同。商务拓展中心统一线上线下客户，建立客户管理体系，打造市场与客户资源协同平台；大数据管理中心、应用分析中心通过海量数据的同步接入、整合融通及多维分析挖掘，提高数据资源协同能力；技术研发支持中心通过成熟的体系化的技术打造资源协同平台。

⑥ 人才协同。构建内部人才市场，依据实际需要，加强各板块之间，以及前台、中台、后台之间的人才流动，实现人才配置方式最优。在中层干部和核心骨干任期内，加强前台、中台、后台的岗位轮换，通过专业视角和岗位视角的转变，实现人才培养的协同。

5.3　构建目标

能源大数据中心运营模式的构建目标是中心从"运维"向"运营"转变，从"支撑中心"向"服务中心"转变，不断提升整体运营水平，实现业务、意识、系统的全面升级。

在全新的运营模式下，能源大数据中心将对所有业务进行全面整合，使业务逻辑更聚焦，使整合后的业务更灵活，从而有效支撑创新业务的拓展，实现业务的升级。新的运营思路将从传统项目管理转变为整合管理，以资源共享为出发点，不断地将业务、数据、技术进行整合，以实现管理意识全面深化。新的运营模式将不断提高能源大数据中心业务的可定制能力，不断提升技术的沉淀能力，不断优化接口组件的可复用能力，实现能源大数据中心运营管理体系的系统升级。

1）打破专业壁垒，树立市场意识

自上而下的专业条块分割管理方式，导致部门间存在专业壁垒，跨专业业务流程长；同时，专业系统各自为政造成资源浪费，系统林立产生大量重复性工作，出现"人为系统服务，而不是系统为人服务"的现象。构建能源大数据中心运营体系，首先要打破专业壁垒，实现横向协同，推动传统业务进一步提质增效。垂直式的强管控管理模式，导致专业"盯住上面，忽视客户"，市场化意识不足。因此，能源大数据中心要树立市场竞争意识和危机意识，统一客户服务界面，增强服务客户的灵活性，提高客户服务满意度及服务效率。

2）整合数据资源，加速业务发展

专业部门之间数据壁垒严重，难以实现数据共享，因此能源大数据中心要统一数据管理，实现数据驱动。同时，可通过大数据分析挖掘数据价值，提升客户服务水平，寻求新的利润增长点；建设产业发展平台，广泛开展内外部合作，建立区域能源联盟平台，实现自身发展。

3）优化组织设计，实现开放共享

能源大数据中心要打破边界，实现开放共享。对内，打破专业间及传统业务与新兴业务之间的边界，赋能多元业务，实现多元业务融合发展。对外，打破组织边界，建立客户数据中台，打造区域能源联盟平台，围绕用户需求实现一体化的能源服务。

5.4　构建路径及具体流程

5.4.1　构建路径

能源大数据中心运营模式可基于以下路径进行构建：

第一，以服务为抓手，以业务需求为导向，从能源大数据中心运营管理的全生命周期出发，进行运营模式的整体设计，以保障中心运营全过程规范高效。

第二，提炼能源大数据中心各个业务链条的共性需求，并对这些共性需求进行分类整理，然后封装，形成组件化的资源包，构建以敏捷、创新为核心的中台系统，以适应业务环境的变化和产业变迁的需求，保证整体战略的有效实施。

第三，以中台管理模式为指导，设计构建能源大数据中心的组织架构、运营流程、管控模式，同时构建能源大数据中心运营能力的评价体系，形成对能源大数据中心运营效果的有效反馈。

第四，能源大数据中心运营模式的构建是一个不断优化的过程，需要在规范化运营管理的基础上进一步细化、量化、迭代，设定运营能力提升路径，推动能源大数据中心的整体运营水平持续提高。

5.4.2　具体流程

在具体实施中，能源大数据中心运营模式构建又分为以下几个阶段。

1）构建运营模式

① 关键环节。基于大数据产品生命周期，进行能源大数据产品的规划

与设计；以大数据产品的经营模式为基础设计产品体系、盈利模式及推广模式。

② 中台系统。构建能源数据中台，以统一数据服务为目标，实现对分析域和管理域各项数据服务的封装和服务编排，供分析应用调用，实现跨专业数据共享服务，有效提升数据应用和分析场景快速构建能力。

③ 组织与人才。构建能源大数据中心组织架构，确定管理职能，整合内部人员，适度引进外部人才，建立高质量的能源大数据中心团队。

④ 制度建设。制定开展项目建设所需的关键流程及配套制度，如项目管理、预算管理、立项管理流程和制度等。

2）改进运营模式

① 关键环节。在现有产品的基础上，拓展业务范围，开发新的经营模式，并不断完善产品体系、盈利模式及推广模式。

② 中台系统。在构建数据中台的基础上，进一步构建业务中台、技术中台。

③ 组织与人才。从项目型组织向目标架构过渡，建立人才管理体系，提高人才的专业素养。

④ 制度建设。随着应用系统的大规模建设，中心对服务管理的要求越来越高，可引入国际成熟的管理标准，逐步建立完整的流程体系，加强服务交付、支持及运维管理，重点考虑事件管理、问题管理等基础性流程。

3）持续完善运营模式

① 关键环节。持续关注大数据产品全生命周期，打造贯穿全产业链的经营模式。

② 中台系统。持续打造以服务驱动的中台系统。

③ 组织与人才。加强高端人才（如架构师、流程顾问）培养，考虑成立独立的经营机构，将服务对象扩大到社会范围，能源大数据中心管理部门集中精力把控流程管理、业务分析、架构管理、项目管理等关键环节。

④ 制度建设。随着应用水平的提高，建立服务级别管理、费用分摊管理等制度，并进一步完善。

5.5 整体框架

能源大数据中心要以国家战略发展为指引，结合运营管理现状，基于自身业务发展需求，聚焦价值创造，设计构建运营管理模式框架体系（见图 5-1）。

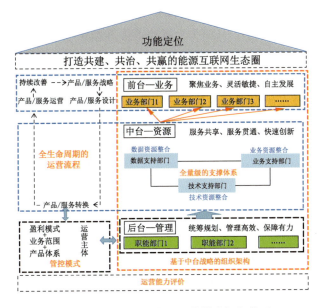

图 5-1　能源大数据中心运营模式框架体系

1）运营宗旨：为客户创造价值

能源大数据中心运营模式的设计、构建都应以客户为中心，更全面、更精准地感知客户需求，更高效、更快速地响应客户需求，以"为客户创造价值"为运营宗旨。中心应通过组织模式的合理设置、运营模式的有效构建、管控方式的合理选择，及时响应客户需求，满足客户需要，真正做到以客户为中心。

2）构建主线：组织设置+运营流程+管理模式+经营模式

（1）组织设置

能源大数据中心在进行组织架构设置时可以中台管理模式为指导，将整体组织架构设计为前台、中台、后台 3 个部分。

能源大数据中心的前台是以客户和市场为中心的多元智能集合体，强调敏捷交付及稳定交付的组织能力。其定位是围绕不同客户需求场景的核心诉求，链接政府、企业、社会公众等多方主体，敏锐地捕捉甚至创造客户需求，并在业务开展过程中实现高稳定的交付质量、高反应的交付速度。

能源大数据中心的中台是能力复用平台，是连接前台与后台的桥梁和纽带，强调资源整合与共享、能力沉淀，为前台提供业务、技术、数据等资源和能力，以不断适应前台业务发展的需要。其中，大数据管理中心和应用分析中心的建立，可形成中心的业务数据处理和分析能力，破除"信息孤岛"，打破专业壁垒，从源头上解决业务和数据不能协同的问题；商务拓展中心的建立，可整合中心营销服务资源，为各前台提供通用类的营销服务支撑，增强前台对客户需求的快速响应力，提升中心营销服务资源的有效利用率；技术研发中心的建立，可将基础设施和各种中间件的能力整合包装，提供简单一致、易于使用的应用技术基础设施的能力接口，通过沉淀、迭代和组件化的输出服务于前端不同场景，实现规模化创新。

能源大数据中心的后台以中台建设为核心，通过搭建管理体系，强化核心职能，优化管控流程，为前台、中台提供专业的内部服务支撑，形成高效能智能管理平台。

（2）运营流程

传统的大数据产品开发往往基于推式模式，通过对输入的数据进行整合、处理、分析、可视化，进而呈现出数据产品。在此过程中，每一个新的数据产品的开发都需要一条完整的产品开发流程作支撑。这种开发模式存在的主要问题是：第一，产品的设计开发往往是按照开发人员的想法进行的，可能会与用户的实际需求相脱节。第二，每发展一项新的业务，便会有一个新流程、新系统围绕新业务上线，形成一个个独立的烟囱式的结构，最终导致产品开发时间长、资源利用效率低。第三，数据产品缺少持续完善的动力，从而陷入从产品开发到产品上市再到产品退出市场的循环。

在能源大数据中心运营流程设计过程中，需要有效解决传统数据产品开发模式下存在的问题。首先，整个产品开发的流程起源于产品战略的制定，产品战略的核心是设计出满足市场和用户需求的产品，这体现了拉式模式的思想。其次，产品设计的过程既是数据产品输出的过程又是数据资源输入的过程，有利于产品开发流程的简化和产品开发时间的缩短，而这有赖于中台系统的有效支撑。中台系统拆解了传统模式下"烟囱式"的系统，按服务模块进行系统重建，把公共、通用的功能沉淀到中台，可避免功能的重复建设与维护，有利于更合理地利用资源。最后，在中台系统的支撑下，大数据产品的运营将更加敏捷、高效，创新的速度将更快，产品的生命周期将从传统的开发、推广、退出市场的循环，转变为持续改善、螺旋式上升的过程。

（3）管理模式

目前，一些能源大数据中心在建设过程中，不同单位分环节承担相关工作，组织管理松散，单位及部门之间工作流程较多，协同协调工作量大，管理效率低，各参建单位职能均不能完全契合运营定位。能源大数据中心的应用场景进入实际运营阶段后，工作内容将持续快速拓展，数据维护、系统运维、模型迭代更新、售后服务等运维服务工作量将迅速增长。同时，中心需要面向企业和公众提供服务，存在用户投诉、负面公众舆论等风险，因此需要有明确的运营主体来承接。

在设计、构建能源大数据中心管理模式时，要根据功能定位及业务范围，对比分析全资子公司、分公司、控股子公司等不同模式的特点，并考虑以不同管理模式推进的成本、难度，确定最佳的能源大数据中心管理模式设计方案。

（4）经营模式

根据大数据从产生到市场应用的发展环节，能源大数据产业链可以划分为"数据源""基础设施""软件系统"和"应用服务"等4个主要环节，并有"产业支撑"辅助环节。因此，可依据大数据产业链结构，衍生出大数据各环节的业务范围、产品系列、盈利模式及推广模式（见图5-2）。

3）支撑：评价体系

制定科学合理的评价体系既是能源大数据中心认知自身运营能力的一种必要方式，同时也是明确未来发展方向的有效途径。能源大数据中心需要结合自身的运营特点明确评价范围和评价方法。

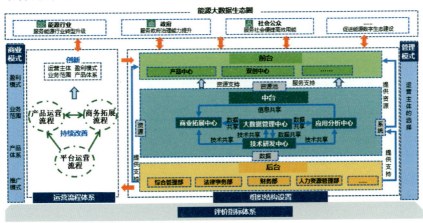

图5-2　能源大数据中心经营模式的整体框架

　　根据以上策略构建的能源大数据运营模式，组织机制和业务机制灵活，通过资源、能力、流程、人才的全面协同，不断提升能源大数据中心的整体运营管理水平，真正实现了"以客户为中心的持续化规模创新"的目标。

第6章 省级能源大数据中心组织架构设计

6.1 组织架构设计思路

6.1.1 中台管理模式简介

传统的产品管理模式以项目的形式进行管理，每个产品以项目的方式进行功能设计和开发，每个系统拥有单独的数据库、单独的技术框架。随着企业各类业务的爆发式增长，传统的管理方式存在的不足逐渐暴露，如业务多而杂、数据极度分散、数据指标混乱、技术得不到沉淀、开发不够敏捷等，进而出现产品的管理整体上比较混乱、技术架构不统一、不方便复用和整合等问题。

在国内，阿里巴巴最先开始布局自己的中台，接着各大互联网企业也开始进行中台部署。随后各大企业纷纷效仿互联网巨头，开始研究布局适合企业发展的中台，中台管理一度成为企业管理最热门的话题。中台管理可以应用到企业、产品等各种需要的场景中，在中台支撑下，在业务、数据、技术等不同层面可以进行资源整合，从而实现业务的灵活配置、数据的集中管理、开发的敏捷高效。

中台是为前台而生的平台（可以是技术平台、业务平台甚至是组织平台），它存在的唯一目的就是更好地服务前台规模化创新，进而更好、更快速地响应用户需求，使企业真正做到提升自身能力以与用户需求相匹配。

中台管理模式本质上是平台化模式转型过程中，为了解决既有的前台、后台协作不力的问题所叠加出来的新管理对象。在当今时代，用户需求是一切商业行为的基础。而在快速响应用户需求方面，平台化模式的优点得到充分体现，因为它赋予或增强了企业的快速响应能力，可以帮助企业获得竞争优势。在平台化模式中，组织前端通常是指企业与用户的交互系统，直接面向用户需求。因此，为了保持良好的用户需求响应能力，前端组织通常表现为规模小、灵活机动。组织后端通常是指管理企业核心资源的系统，这些系统更加强调稳定、规范，往往受到安全、审计、法律法规等方面的限制，无法快速变化并直接支持前台的创新需求。在此情况下，为了确保前台、后台既能各司其职，又能协调一致，就衍生出了"中台"这一解决方案。

6.1.2　基于中台管理模式的组织架构

中台管理模式主要包括两个发展方向：一是将前台系统中稳定、通用的业务能力"沉降"到中台层，恢复前台的快速响应能力；二是将后台系统中需要频繁变化的或需要被前台直接使用的业务能力"提取"到中台层，赋予前台更强的灵活度、更低的变更成本。中台管理模式的构成形式包括数据中台、业务中台、技术中台、研发中台及组织中台等多种类型，其中数据中台、业务中台、技术中台的应用最为广泛。

1) 数据中台

数据中台管理是指通过先进的数据管理技术，对海量的数据资源进行采集、计算、存储、加工，同时建立统一标准的管理体系。数据中台对这些数据进行统一梳理后，会自动形成高标准、高质量的数据，然后将其存储，形成数据资产管理层，为广大客户和企业提供高效的服务。数据中台管理本身就是对企业主要业务的数据沉淀，其不仅能帮助企业降低数据重复建设的成本，减少与烟囱式数据协作的时间，也能为企业后期进行大数据分析做好铺垫。

数据中台通过对数据进行整合和沉淀，充分发挥公共数据的价值和能力。数据中台可以分为数据模型、数据服务与数据开发3层，通过数据建模实现数据整合和知识沉淀，通过公共数据服务平台实现数据封装和数据开放，快速灵活地满足前端应用的需求，通过数据开发工具满足用户个性化的数据和应用需求。

① 数据模型。一般可以分为基础数据模型、数据融合模型、挖掘模型3层。基础数据模型一般从关系维度建模，主要实现数据关系的标准化；数据融合模型可以从多个维度建模，主要实现跨专业数据的深度整合，如进行数据汇总、关联或解析；挖掘模型利用统计学、机器学习和人工智能等提取有用信息建模。

② 数据服务。将数据模型按照服务应用的要求进行服务封装，就形成了数据服务。这和业务中台管理中的数据服务封装的概念是一致的，只是相比一般的功能数据封装，数据服务封装应用起来要复杂一些，因为联机事务处理（online transaction processing，OLTP）功能的变化有限，而数据分析技术受到环境和市场经济等因素的影响较大，技术迭代更快，这增加了数据服务封装的复杂性和难度。

③ 数据开发。对于数据中台来说，只包含数据模型和个性化的数据服务还是有欠缺的，数据中台的运营基础就是个性化的数据平台开发。按照数据开发的难度，数据开发平台可以分为3个层次：最简单的一层是由技术人员提供个性化的标签数据库，用户可以基于标签的设计和组装快速发展形成自己的业务组织资产，一般面向前端有需求的业务人员；次层是由技术人员提供数据开发平台，用户可以基于该平台的基础内置功能进行可视化的开发，一般面向研发部的编码人员；最后一层由技术人员提供平台应用环境和可视化的组件，用户和技术研发人员可以基于此独立自主地打造一套个性化的数据平台产品。以上几层可以满足不同层次人员的要求。

2）业务中台

业务中台通过制定标准化的业务规则和流程，为前端提供功能和数据等支撑服务，以及运营数据资源。当调整业务或创建新的业务时，只要后台技术不变动，就可以随时从业务中台获取相关资源，不需要每次都从头开发。在数据的支持方面，业务中台负责数据的收集、整理、存储和分析。

业务中台管理是指对各项业务进行整合，使业务配置更加合理，从而为前端提供数据服务支撑。其特点是通过一个平台进行业务统一管理，对内将相关业务的各种数据进行汇总和储存，实现有效交互，从而避免出现"数据孤岛"；对外通过各种国际标准数据管理协议和接口，实现外部数据的整合，从而实现内部数据管理系统与外部异构数据管理系统之间的互联互通，促使上下游信息资源的一体化。

业务中台最大的特点是各业务功能可以根据用户需求灵活配置，很多功能不再依赖于特定专业开发人员，任何熟悉系统操作的人员都可以独立搭建应用，从而降低了应用开发成本和开发风险，尤其是在灵活性和可扩展性方面，能够有效弥补现阶段传统管理系统的不足，帮助企业在激烈的行业竞争中快速准确地响应业务的发展需求，获得竞争优势。

3）技术中台

技术中台管理是一种强调技术资源整合、能力提升和沉淀的一种平台管理体系，为前台的功能管理提供底层技术、数据等资源和能力的综合支持。也可以这样理解，技术中台对云、其他应用技术与基础设施等资源及各种中间组件进行整合和优化包装，同时过滤掉复杂的技术细节，提供简单一致、易于管理和使用的各种应用技术基础设施能力接口，助力技术前台和业务中台、数据中台的快速发展。技术中台的目的是逐渐把一些公共的、底层的技术能力提炼出来，与业务逻辑分离，并形成各种接入式的基础服务，以便同时为多条业务线服务。

6.1.3　中台系统内部的关系

1）职能层面

数据中台具有获取全域级的各类信息数据的能力，它能结合数据能力中心提供的技术能力，把业务系统的内外部数据汇集起来进行分析，再把分析结果反馈给业务中台，赋能前台系统。例如，根据业务中台提供的用户数据和行为数据，基于数据中台运算与分析能力，构建用户精细化运营分析 RFM（recency，frequency，monetary）模型，预测用户行为偏好和价值；根据用户来访、互动情况及核心功能使用频率等，基于数据中台运算与分析能力，构建用户活跃度模型，预测用户的活跃度等；结合数据能力中心提供的技术能力，把经过数据中台算法分析的结果反馈给业务中台，支撑广告的实时投放和精准推荐。

业务中台是用于管理和运营的一体化管理平台，同时为前台提供数据支撑服务。例如，用户中心的登录/注册、身份验证管理等；会员中心的等级互换、积分打通、权益互换管理等；风控中心的黑/白名单设置、机制预警、权限设置管理等。这些服务都由业务中台同一个系统的不同模块支撑，业务中台通过类似模块化、组件化、插件化、解耦等服务，可以同时支持多个其他业务系统的业务管理。

2）数据层面

业务中台只知道当前的业务状态，而数据中台具有全域级的业务数据（当前及历史处理数据）记录。例如，A，B，C 三条业务线的用户中心数据库统一放在业务中台，当登录、查询等数据发生变化时，数据会自动同步到数据中心；用户改动任何一个平台的数据都会在数据中心留下记录，因此可以通过回溯的方式查找数据流转。

3）目的层面

建立数据中台的目的是实现业务的价值沉淀，即将企业全域级的内外部数据都汇集到数据中台来，借助技术中台的运算与分析能力，解决企业数据流通使用问题，达成数据资产管理利益最大化，实现业务的价值沉淀。建立业务中台的目的是让业务更专注于服务，业务中台的数据服务中心和业务联系紧密，通过离线/实时的方式为业务做同步支持。

4）关系层面

技术中台对企业的技术能力进行整合，以支撑企业的业务发展，通过打通企业内部异构系统，支持业务中台；业务中台和数据中台就好比强大的中后台炮火群，可以直接向敌人发动进攻。业务中台主要为业务运营服务，将获取的多维度数据存储在数据库中；数据中台获取数据后，借助数据能力中心进行数据清洗和分析，将得到的分析结果反馈给业务中台，以支撑业务中台上的智能化场景应用，而智能化场景应用产生的新数据又流转到数据中台，形成数据和业务上的闭环。数据中台还具有可视化的模型，结合算法智能分析，可帮助企业开展数据运营决策分析。

业务中台、数据中台和技术中台三者相辅相成、相互协作，没有直接或者间接的利益冲突关系。在这种关系下，中台系统在数据、业务、技术能力等方面构建了全量级的支撑体系，形成了统一的业务运营一站式管理平台。

6.2　组织架构设计方案

6.2.1　组织架构的整体设计

为推动能源大数据中心业务良性发展，可基于中台管理模式的组织架构，以资源共享为出发点，不断地将业务、数据、技术进行整合，以期突破能源大数据中心运营管理中遇到的瓶颈，实现组织结构的升级。

根据中台管理模式的理念，能源大数据中心的组织架构按照核心功能可以分为前台、中台及后台。其中，前台是跟用户直接交互的业务部门，负责对接市场，满足客户需求；中台将集合整个组织的资源和能力，支撑前台业务的创新与发展；后台将组织内部的管理职能从核心业务链中剥离，进行功能聚合，为前台、中台提供全面保障。

1）前台的建设思路

前台最贴近用户，需要及时满足客户需求，强调"小步快跑"，能随环境变化快速适应和调整。前台的核心竞争力体现为：一是充分授权、扁平高效。前台直面客户，通过企业充分授权，决策前移，可使整个组织结构更加扁平、组织管理更为高效。二是随需调整，动态变化。前台应随市场环境的变化而变化，具有不断适应市场环境和进行自我调整的能力，以保障企业时刻保持对市场最为敏锐的嗅觉。三是灵活敏捷，快速创新。前台灵活敏捷，所需资源少，创新速度快，试错成本低，可使组织时刻保持对客户需求的快速响应能力。

前台的建设思路：一是通过扁平化的机构设置与合理的授权机制，让前台时刻保持对客户需求的快速响应能力。二是前台聚焦业务，拥有自己的产品和市场，为客户提供专业化的服务。三是前台拥有自主经营发展权，自由发展、独立核算，具有较高的灵活度和对环境变化的适应力。

2）中台的建设思路

中台强调资源整合、能力沉淀，为前台的业务开展提供底层的技术、数据等资源和能力支持。中台的核心竞争力体现为：一是总体级建设，专业化管理。中台站在总体视角，破除系统建设的"部门级"壁垒，将资源、系统和数据上升为"总体级"管理，从源头上解决系统和数据割裂的问题。二是资源可重用，服务可共享。中台将具有共性特征的业务沉淀形成"总体级"共享中心，持续为业务前端团队提供优质的通用型、支持型资源。三是创新效率高，迭代速度快。中心各业务系统不用再单独建设共性应用服务，直接调用中台服务，即可实现前端应用快速构建和迭代。

中台建设的重要动力之一就是服务共享。业务下沉中台一般有以下判断依据：多个前台应用都需要这项服务，具有共性；这项服务在未来的规划中会为多个应用所用；这项服务是有建设价值的，从前台剥离后与中台对接成本更低。因此，在业务下沉中台前，首先应分析业务的构成，把核心的、共性的部分提取出来，由中台建设并输出服务，差异化的部分保留在前台；其次应判断相同的服务在每个前台应用的业务逻辑是否相同，若不相同则将其分离，通过不同的业务逻辑分别实现。

中台的建设思路：一是通过整合数据资源，提高能源大数据中心的业务数据处理和分析能力，打破专业壁垒，从源头上解决业务和数据不能协同的问题，避免出现"信息孤岛"现象。二是通过整合业务资源，为各前台提供通用类的业务服务支撑，增强前台对客户需求的快速响应能力，提高公司业务资源的有效利用率。三是通过整合技术资源，将基础设施和各种中间件的能力封装，提供简单一致、易于使用的应用技术基础设施的能力接口，通过沉淀、迭代和组件化的输出服务于前端不同场景，实现规模化创新，进而更好地服务用户。

3）后台的建设思路

后台强调管控能力，为中、前台提供专业化保障并实施高效管控，驱动整个平台良性运转。后台的核心竞争力体现为：一是方向指引。后台能洞悉客户未来价值的本质，以高屋建瓴的战略眼光规划组织发展方向，从而保障组织实现快速持续发展。二是规则制定。后台主导组织规则的构建及维护，设计组织良性运行所需的保障机制和激励机制，持续释放组织活力，激发员工潜能。三是资源整合。后台对内整合优势资源并进行合理分配，对外链接优势资源，建立强大的资源池和合理的调配机制，可为中、前台提供资源保障和专业化支持。

后台的建设思路：一是统筹规划。后台负责能源大数据中心总体发展战略的制定，如中心文化建设、重大投资并购决策、核心竞争力培育、品牌建设等。二是管理高效。后台负责中心行动规则的制定、管理流程的优化、各部门（业务）之间的协作管控，以及统筹规划和把控各业务发展方向等。三是保障有力。后台是资源的提供者与支持者，通过提供基础设施建设、人财物等资源支持，为中、前台提供保障和专业化服务。

6.2.2　机构设置

根据能源大数据中心组织架构的整体设计方案，前台的业务中心由产品中心、双创中心共同组成，每个中心聚焦一条业务线。中台由商务拓展中心、大数据管理中心、应用分析中心、技术研发中心共同构成，以数据价值利用为核心驱动，随着业务的持续发展，未来将建立共享服务中心，实现业务能力的沉淀。后台由各职能部门构成，保障各项业务高效顺畅开展（见图6-1）。

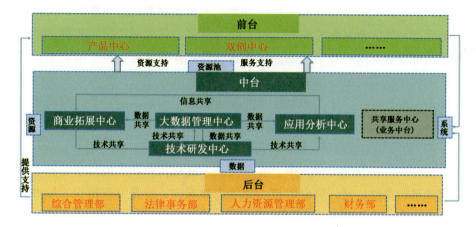

图 6-1 能源大数据中心的组织机构设置

1）前台系统

前台系统的业务中心由产品中心和双创中心两个部门组成，按照能源大数据中心两大业务领域发展需要，打造"小而优"的灵活前台。每个前台分支专注于各自的核心业务领域，授权合理、机制灵活、运行高效，两大前台业务中心形成"既有分工又有协作"的兵团式运营服务架构。为适应快速变化迭代的市场和业务需求，前台可快速灵活地实现新增、合并、撤销，保持"内可变、外可扩"的状态。

（1）产品中心

建设思路：以客户为中心，畅通与客户的互动渠道，敏锐感知客户需求并及时反馈，不断提升客户满意度。

功能定位：面向客户，开展营销推广及交易活动；关注重要客户和大客户，获取个性化需求信息，挖掘潜在需求，为客户提供有针对性的服务。

服务模式：一是基础服务，即以通用类产品或服务为标准，为用户提供基础性服务。二是增值服务，即通过对客户潜在需求、业务痛点的挖掘分析，对现有的产品和服务进行优化，以更高质量、更高效率、更高品质为要求向客户提供服务。三是定制服务，即基于客户的个性化需求，自主研发或与外部机构合作，为客户量身打造产品或服务，以满足不同类别的差异化需求。

（2）双创中心

建设思路：通过创新引导、基金投资、成果转化、创业孵化、生态赋能培育自身的核心竞争优势，为中小微企业融通发展提供服务，打造开放共建、合作共治、互利共赢的能源互联网创新创业平台。

功能定位：一是孵化中心提供从项目申报、遴选、入孵、培育、出孵到成果转化及后评估的全生命周期管理。二是协作中心为各类创新创业主体提供一个开放式的需求对接、成果发布与交易平台，实现从发布、匹配对接到服务确认的线上全流程支撑。三是双创活动依托"互联网+"模式，打造新型创新活动平台，实现活动统一报名、题目抽选、作品提交、作品评价及作品公示的线上全流程管理。四是创客学院开展相关专题培训，对接创业导师及专家人才资源，持续培养双创人才。五是创业服务对接创客空间、创客服务、创客金融及实验室等资源，为创客提供一站式服务。

服务模式：一是会员管理，提供会员等级、积分和信用管理；二是审核管理，提供对发布需求、成果、活动、服务等的审核管理；三是运营指数管理，可实现对业务运营数据各种维度的查询，提供报表和数据分析成果。四是成果展示，利用多媒体等技术手段，实现创新成果一体化协同展示。

2）中台系统

能源大数据中心的中台系统由商务拓展中心、大数据管理中心、应用分析中心、技术研发中心组成，形成以服务为中心，由数据支持部门、营销支持部门、技术支持部门构建起闭环运转的运营体系，以便更高效地进行业务拓展和产品创新。

（1）商务拓展中心

建设思路：商务拓展中心以客户需求为导向，强化营销资源的统一配置，加快推进能源大数据中心全业务的推广应用，支撑中心功能的发挥，服务中心主业发展。

功能定位：商务拓展中心是能源大数据中心的营销中台，为中心建设提供坚强保障，为中心业务发展提供有力支撑。其主要功能有：一是促进营销资源的整合，集中解决各业务线"多头拜访，各自为战"的问题，通过人员的快速高效调配，为重点业务条线补充人员，加快业务上线和业务推广速度。二是促进营销业务推广，统筹开展线下营销活动、对外交流合作和客户来访接待，建立完备的营销服务体系并高效运转，有力发挥营销服务作用，进一步增强对前台的支撑服务力度。三是促进营销对外统一对接、服务，展现统一服务形象，统一管理维护客户关系，统一业务对外服务承诺，满足客户最迫切需求。

服务模式：一是需求对接，如采用用户画像等方式，对客户需求进行深入分析、精准定位，将分析结果输出至前台，支撑前台部门为客户提供精准服务。二是市场推广，如针对中心各项业务开展产品推介、技术交流等活动，协调营销人员建立多维传播渠道；组织对战略客户走访，做好后续战略合作的落地跟进；负责客户发展规划、用户需求等信息收集，做好重点、潜在项目跟踪。三是活动策划，如加强线上线下营销推广活动的策划与实施，积极制造话题、传播话题、引领话题，对潜在客户形成向心力，持续提升中心品牌效应。四是线上销售，线下管理，如根据中心的产品、定价及市场策略，开展询盘、报价、合同条款的协商及合同签订等事宜；制订用户体验质量测评方案，组建专业的用户体验师队伍开展测评工作；建立柔性灵活、协同高效、响应迅速的用户体验改进、提升工作运营机制；收集用户反馈信息，协同相关部门开展平台建设质量考核；做好公共客户关系维护，承担合同履行、合约回款等工作。五是客户服务，如全面提升中心客户服务水平，构建统一的客户服务平台，优化服务流程，提高客户响应速度和处置效率，全面加强运营规范管理，实现客户服务集约化、标准化和专业化。六是大客户管理，如根据大客户划分标准确定潜在大客户，对潜在大客户进行信息梳理、风险评估、筛选分类，实行大客户的专人开发和管理；根据大客户管理规定开展大客户拜访工作，明确大客户拜访的具体目标和要求；通过当面接洽、电话联系、社交媒体、电子邮件等方式接收大客户的建议，并对大客户的建议进行及时反馈。

（2）大数据管理中心

建设思路：将数据对象作为一种全新的资产形态进行管理，打通不同来源数据之间的隔阂，消除数据标准和口径不一致的问题，将大数据管理中心建设成为数据中台的基础。

功能定位：围绕中心业务的原生数据、运营数据、运维数据、模型输出的结果数据及采购的第三方数据，构建数据中台的原生数据区、汇总数据区和扩展数据区，充分挖掘数据信息的隐性价值，实现数据和业务的全面贯通，推动传统业务与新兴业务的深度融合，促进跨部门、跨专业协同；打造业务能力的通用治理与公共开发组件，以及共享开放接口，实现从数据开发到数据服务的全流程高效贯通。

服务模式：一是数据汇集，构建覆盖宏观层面、能源行业及其他相关数据的能源大数据体系，设定不同数据来源采信优先级，明确数据提供部门，确保"一数一源"。宏观层面数据主要包括全省宏观经济运行、发展规划、产业政策、体制改革、市场发展趋势等方面的数据，以及世界主要国家和地区、全国、先进省份等经济社会、能源发展等方面的数据。能源行业数据主要包括电、煤、油、气、水、风、光、生物质、地热等各能源品类的资源禀赋、开采加工、运输配送、能源转化、能源消费全过程数据。其他相关数据主要包括生态环境、气象、地理信息、交通、技术革新、工业价格等方面的数据。二是数据治理，即进行数据清洗，将错误的数据排除，确保数据的正确性；将不同来源的同一语义的字段进行名称和值的统一，确保数据满足标准。三是数据加工，即进行数据字段、数据指标的衍生计算，为数据开发人员提供可视化或者可编码的环境，并管理和实施加工规则。四是数据资产管理，一方面从元数据管理、质量管理、模型管理、主数据管理等方面不断强化能源数据管理，实现对分析域和管理域各项数据服务的封装和服务编排，供分析应用调用，提供跨专业数据共享服务，有效提升数据应用和分析场景快速构建能力；另一方面进行数据资产的分级管理，将能源信息按安全级别和敏感程度分为涉密数据、内部数据和公开数据，并结合数据安全等级和用户类型设置管控要求和合理的访问权限。五是自主统计分析，即根据需求选择相应的数据域和数据表，选择合适的指标、维度、过滤条件等进行统计分析。六是数据供应，与业务相关的、可复用的一些公共技术组件或产品，如数据目录、数据标签、数据开放接口、机器学习算法模型等，可以通过使用 SaaS 等方式直接对外提供服务，也可以通过 API、消息接口、文件接口、服务接口、软件开发工具包等方式提供组件能力或数据服务。

（3）应用分析中心

建设思路：充分对接政府、企业、公众等各方需求，构建远期应用场景资源储备库，增强能源统计、分析、预测的时效性，并提高准确度，为能源企业精益化管理提供支撑，实现远程、友好、互动的智能用能控制。

功能定位：以统一数据服务为目标，以数据分析为基础，通过提高数据时效性、完善数据模型、提升数据服务能力等支撑各类分析应用场景构建。

服务模式：优化完善数据传输组件及链路，提升基础数据层数据接入频度，满足相关业务数据应用时效性要求；结合分析应用需求，推动数据模型在整合明细层落地，实现数据接入与整合；从不同的业务视角分析需求，构建并拓展客户资源和数据资源分析模型库（标签库）；随着数据集市层数据服务能力的逐步提升，持续推出数据分析产品。

（4）技术研发中心

建设思路：通过提供技术支撑能力，解决基础设施、分布式数据库等底层技术问题，保障快速搭建项目、有序管理进度、优化测试、持续集成与持续交付；围绕移动端应用、信息安全技术、工业互联网、商业人工智能、电子商务、供应链等方向深入探索，形成有特色的数据产品研发方案。

功能定位：一是业务运营支撑者，以"技术驱动业务"为导向，支撑业务线发展。二是新技术研究的引领者，聚焦自动化、智能化等方向，促进信息技术的研究与应用，发展智慧运维。三是安全保障者，贯彻安全管理制度，做到"管理安全，技术安全"两手抓，构建渗透测试、代码检测、组件安全管控、应急响应于一体的安全服务保障机制。

服务模式：一是支撑中心系统建设，将各种主流技术中间件的能力进行整合和包装，统一架构，统一标准，实现技术研发资源共享，助力平台升级和迭代，促进系统完成从"成功上线"到"上线成功"的质变。二是保障信息系统运维，承担中心数据治理和系统运维业务，辅助业务发展。三是加强信息安全防护，负责安全保障工作，组织信息安全运行专业团队，全面构筑产品、研发和运维安全基础，为保障中心信息安全筑牢最后一道防线。

3）后台系统

后台是为中心各部门服务并进行相关控制的平台。中心后台具有强大的作用：一是后台作为智慧大脑，具有指挥力；二是后台作为神经中枢，具有管控力；三是后台作为资源聚集地，具有保障力。三股力量紧密结合，为前台和中台的发展指明方向并提供动力。后台主要由综合管理部、法律事务部、人力资源部和财务部等职能部门组成。

（1）综合管理部

综合管理部是中心日常行政管理部门。其主要职能如下：一是制定公司各项日常工作规则及管理制度，推进及监督各项日常工作落实情况。二是负责中心重大事项的请示报告和突发重大事项的综合协调处置，负责重大决策部署和决定事项的督查督办。三是为中心各部门的重要会议与活动组织，以及档案、办公设备（用品）、车辆等的管理工作顺利开展提供保障。

（2）法律事务部

法律事务部是中心负责法律风险管理的专业机构。其主要职能如下：一是开展中心法治建设、法治宣传教育、风控体系建设、风险控制流程设计、策略与预案制定等工作。二是开展法律合规审查工作，根据业务需求出具法律意见及合规性论证意见，负责知识产权管理、法律风险防控、法律纠纷处理及其他风险控制工作。三是提供法律咨询、服务与保障，关注能源行业动态，分析行业相关政策法规及典型案例，开展政策研究。

（3）人力资源部

人力资源部是为中心培育和输出人才的专业部门，是确保中心人才队伍健康发展、保障中心具有持久生命力的核心机构。其主要职能如下：一是负责统筹研究制定中心人力资源发展规划。二是负责中心的机构编制、劳动组织、薪酬福利、绩效、劳动合同、招聘、考勤、人员调配等相关工作。三是负责中心员工教育培训、队伍建设、人才评价、人事档案、社会保险、公积金管理及劳动统计等工作。

（4）财务部

财务部是负责对中心财务资源进行集约化、规范化、信息化、智能化管理的专业机构。其主要职能如下：一是立足于中心发展战略，将中心发展战略转化为运营行动和财务目标。二是负责中心预算管理、资金统筹、经营绩效分析、资本运营与内控稽核。三是将财务信息转化为对中心运营决策有价值的信息分析，支持战略决策的落地，支撑各业务开展。

6.2.3　未来的业务中台

随着业务范围的进一步拓展，可将现有商务拓展中心的能力和资源进行整合，进一步构建业务中台——共享服务中心，全方面构建全量级的支撑体系，形成业务运营一站式管理平台（见图 6-2）。共享服务中心的构建将打破传统的客户服务业务边界，从客户视角重组业务场景，并通过不同服务场景，实现服务拆分及业务重组，优化关联业务设计，满足客户一键办理的要求。同时，打通线上、线下全业务流程，建立横向协同、纵向协作的业务模式，确保线上、线下业务协同，以及信息互通、数据集中存储和共享。

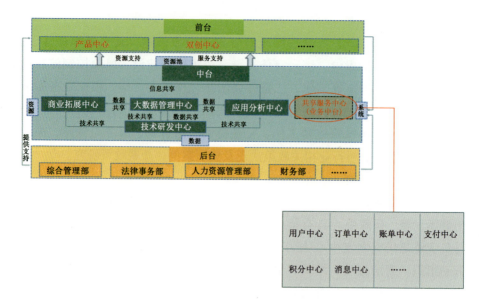

图 6-2　业务中台——共享服务中心

　　共享服务中心的核心作用是在前端客户应用和后端核心业务系统之间，对面向多个渠道提供的共用客户服务能力进行抽象和逻辑拆分，形成独立的、功能服务单一的公共产品。根据服务场景和业务领域的需要，共享服务中心可设计规划用户中心、订单中心、账单中心、支付中心、积分中心、消息中心等。共享服务中心可采用分布式微服务技术架构，通过应用分布式服务治理组件、分布式数据库组件、消息队列组件、全局事务组件、全链路监控组件等成熟互联网技术，保障客户服务中心的快速建设与稳定运行，通过中台赋能的方式，为面向客户服务的前台应用输出共享服务中心沉淀的核心业务能力和持续创新能力。

第7章 省级能源大数据中心运营流程的设计

7.1 主要运营流程及特点

根据能源大数据中心的功能定位及运营特点,其运营流程主要包括产品运营流程、平台运营流程和商业拓展流程。

7.1.1 产品运营流程

传统的大数据产品开发运营流程往往基于推式模式,对输入的数据进行整合、处理、分析、可视化,进而呈现数据产品,即每一个新的数据产品的开发都需要一个完整的产品开发运营流程支撑。这种运营模式主要存在以下问题:第一,产品的设计开发由开发人员主导,可能会与用户的实际需求脱节。第二,每发展一项新的业务,便会有一个新流程、新系统围绕新业务上线,形成一个个独立的"烟囱式"的结构,导致运营流程长且复杂,资源利用效率低。第三,数据产品缺少持续完善的动力,陷入从产品开发、产品上市到产品退出市场的传统的生命周期。

基于中台管理模式和全产品生命周期的产品运营流程(见图7-1)可有效解决传统数据产品运营模式下存在的问题。第一,整个运营流程起源于产品战略的制定,产品战略的核心是设计出满足市场和用户需求的产品,这体现了拉式模式的思想。第二,中台管理模式支持下的运营体系,拆解了传统模式下"烟囱式"的系统,按服务模块进行了系统重建,把公共、通用的功能沉淀到中台,避免了功能模块的重复建设与维护,这不仅有利于资源的合理利用,而且大大简化了产品运营流程,缩短了产品开发时间。第三,在中台系统的支持下,大数据产品的运营将更加敏捷、高效,创新的速度将更快,产品的生命周期将跳出从开发、推广到退出市场的死循环,转变为持续改善、螺旋式上升。

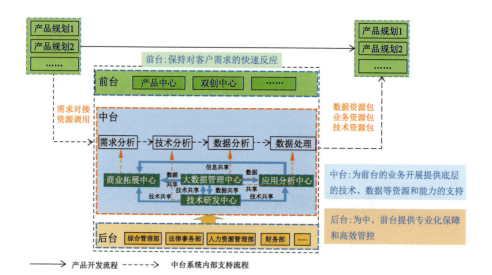

图 7-1 基于中台管理模式的产品运营流程

产品运营流程说明见表 7-1。

表 7-1 产品运营流程说明

序号	流程	主要内容	交付物
1	产品规划	根据客户需求开展产品规划	产品规划方案
2	需求分析	进行需求对接，开展需求调研，提供营销资源支持	产品需求分析报告
3	技术分析	提供产品开发过程中的技术支持	技术分析报告
4	数据分析	提供产品开发过程中所需的信息和数据分析	数据分析报告
5	数据处理	新产品开发信息、过程信息的获取、处理和存储	数据资源
6	产品开发	新产品的开发与运营	新产品推广

7.1.2 平台运营流程

在基于中台管理模式的平台运营流程（见图 7-2）下，用户运营体系、活动运营体系、内容运营体系都不再是独立的系统，而是形成一个整体的核心服务链路。中台强大的数据资源能力、业务处理能力、技术支持能力可有效支撑平台运营，推动平台创新与发展，进而更好地支持产品运营。

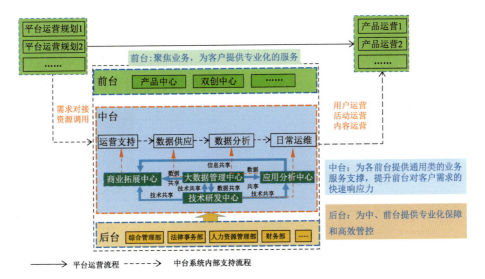

图 7-2　基于中台管理模式的平台运营流程

平台运营流程说明见表 7-2。

表 7-2　平台运营流程说明

序号	流程	主要内容	交付物	责任部门
1	平台运营规划	根据产品推广运营的反馈进行用户运营、活动运营、内容运营的规划	平台运营规划方案	业务中心
2	运营支持	根据平台运营的需要集中开展市场推广、活动策划、客户服务	平台运营支持活动方案	商务拓展中心
3	数据供应	提供运营方案策划所需的数据	平台运营策划数据	大数据管理中心
4	数据分析	对平台运营情况进行实时监测	平台运营分析报告	应用分析中心
5	日常运维	开展从设计到发布、运行、变更升级至下线的生命周期运行维护	运维报告	技术研发中心
6	产品运营	通过用户运营、活动运营、内容运营有效支撑产品运营	产品运营情况反馈	业务中心

7.1.3　商业拓展流程

随着数字化进程的推进和数字经济的发展，能源大数据中心承载的服务会越来越多，应用场景将不断扩大，业务需求也将不断增加。在传统的运营模式下，不同的商业拓展业务分支可能需要构建不同的业务系统，每套系统都有自己的体系和数据源，需要在各自的系统上做很多努力。然而，在基于中台管理模式的运营体系下，中台系统对商业拓展业务能力、业务数据、技术能力做了很好的汇集，实现了能力和资源的互通，可有效地支持前台对市场需求进行深度挖掘，并做出快速反应（见图7-3）。

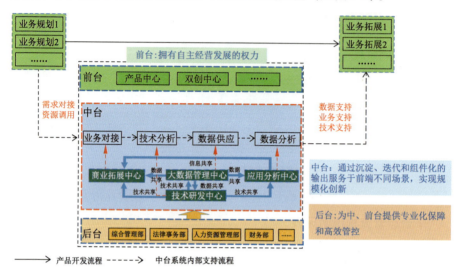

图 7-3 基于中台管理模式的商业拓展流程

商业拓展流程说明见表7-3。

表 7-3 商业拓展流程说明

序号	流程	主要内容	交付物	责任部门
1	业务规划	根据中心发展的整体规划开展业务规划	业务规划方案	业务中心
2	业务对接	根据业务策划书进行可行性研究	可行性报告	商务拓展中心
3	技术支持	提供业务拓展所需的技术支持	技术分析报告	技术研发中心
4	数据供应	提供业务拓展所需的数据支持	数据资源	大数据管理中心
5	数据分析	提供业务拓展所需的数据分析	数据分析报告	应用分析中心
6	业务拓展	开展业务拓展活动	业务拓展记录	业务中心

7.1.4 运营流程的主要特点

在能源大数据中心运营流程中，前台围绕客户核心诉求进行产品/服务的规划、设计，中台为前台提供业务、数据、技术等资源，后台为前、中台提供服务支撑，同时前台在产品运营中及时响应客户需求及市场变化，不断推进产品/服务的持续改进及创新。

能源大数据中心的运营流程有如下两方面特点。

1）基于中台管理模式

能源大数据中心的运营流程基于中台管理模式，注重能力沉淀、服务重用和推动创新。中台将前台业务的数据、资源、经验、模式沉淀下来，形成规范化、标准化的服务能力；中台是前台的服务提供者，能够让前台在不同时刻、不同场景下快速调用可用、可靠、可管理的服务；中台系统为创新和试错提供即时可用的服务，能够让创意迅速转化为新产品，让新思路切入新市场，从而降低创新或试错成本，推动变革。

在能源大数据中心中台系统的部门中，商务拓展中心通过对市场拓展、营销活动、客户服务等共性服务进行抽取、整合，形成标准化服务，支持前台进行定制化开发，可在较短时间内完成产品上线。大数据管理中心、应用分析中心通过数据汇聚整合、数据提纯加工、数据服务可视化、数据价值变现 4 项核心能力，为前台业务部门提供决策快速响应、精细化运营及应用支撑。技术开发中心的成立，实现了技术能力与业务能力的分离，它以产品化的方式向前台技术赋能，形成了强大的火力支持。前台的应用开发只需关注业务功能的实现，其他所需的技术即拿即用，研发效率大为提升。

2）基于全生命周期模式

能源大数据中心的运营体现了服务战略、服务设计、服务转换、服务运营和服务持续改进全生命周期的循环周转。其中，服务战略是生命周期运转的轴心，各工作流程之间以生命周期为基础，形成计划性变更的闭环反馈系统。

7.2　运营流程的设计

7.2.1　运营流程设计原则

借鉴相关理论及领先实践，结合能源大数据中心的运营特点，能源大数据中心在设计运营流程体系时应当遵循以下原则。

1）突显服务意识，强化业务支撑

能源大数据中心应当以更好地服务客户、创造更高的客户价值为指引，构建运营流程体系，突显服务意识，协同研究服务需求，整合服务资源，以更强大的中台能力实现对业务体系的全面高效的支撑，促进前台业务部门奋发开拓市场，快速、高质量地满足客户个性化需求。

2）做精核心业务，构建扁平流程

职能体系是流程正常运转的必要支撑，也是影响流程运转效率的重要因素。在构建能源大数据中心运营流程时，需要强化职能体系对业务的协同赋能，弱化非增值职能体系，做精核心业务，扁平化响应业务需求，高效调集资源支持业务，真正使职能单元成为业务单元可信赖的伙伴，更好地满足客户需求。

3）注重核心环节管控，简化冗余环节

流程是管理思想和管理逻辑的集中体现。在构建能源大数据中心运营流程时，应当加强对关键核心环节的管控，简化非必要的审查环节。同时，应当尽可能简化职能管理中存在的同类事项审核，提高决策效率，加快市场对客户需求的响应速度。

4）规范流程设计，明晰部门责任

在流程构建过程中，一要明确流程环节的责任部门，需要跨部门协作的环节必须明确责任部门；二要明确流程环节负责的工作内容，详细说明本步骤做什么、怎么做；三要明确流程环节的内容输出，这是责任部门是否完成当前环节工作，以及下一环节是否可以开始的直接凭证。各环节规范确定后，流程权责将会更加明晰，各环节衔接和各部门合作也将更加顺畅。

5）加强动态管理，适度超前规划

流程是一个动态的管理体系，随着能源大数据中心业务的发展和管理要求的提升而变化。能源大数据中心运营流程的设计不仅要基于现状进行规范，还应结合中心战略规划和业务发展的要求，适度超前规划。

7.2.2　运营流程设计要点

1）设计全生命周期的运营流程体系

根据 ITIL 数据中心运营管理模型，能源大数据中心运营流程要形成服务战略、服务设计、服务转换、服务运营和服务持续改进的全生命周期管理体系。因此，在设计能源大数据中心运营流程时，应以流程为核心，梳理各个工作流程及各个工作流程之间的相互关系，形成协作合力。

2）设计基于中台管理模式的运营流程

在基于中台管理模式的运营流程中，中台是一个基础性的理念和架构，即把所有的基础服务用中台的思路进行联通，共同支持前端的业务。例如，数据支持中心提供基础数据处理能力和各种数据产品，方便所有业务调用；业务支持中心更多地支持在线业务。中台的实质是提炼各项业务的共性需求，并将其打造成组件化的资源包，统一提供给前台业务部门使用，最大限度地减少"重复造轮子"现象。

3）持续优化运营流程

根据流程再造及流程优化的相关理论，能源大数据中心在进行运营流程设计时，首先需要进行流程梳理，对现有的工作流程进行固化与明晰；其次应根据现有业务需要及组织架构调整对流程进行分类。流程管理是一项持续、动态的工作，不是只做流程优化，也不是只进行流程重组，而是需根据实际情况灵活选择与组合这两种方法。

7.2.3　运营流程的体系与关键流程设计

1）体系设计

能源大数据中心运营流程体系的设计可以分为以下三个阶段：

第一，围绕市场化项目进行项目全过程管理关键流程优化，实现项目风险可控、开发响应迅速、责任清晰、协同高效，提升中心总体运作能力。

第二，围绕中台建设，对与中台协同指挥能力相关的关键职能流程进行优化，实现相关职能衔接有序、资源配置科学高效，提升中台的赋能能力。

第三，按照全生命周期管理逻辑，建立流程管理长效机制，并构建组织体系、管控模式和激励机制等支持体系，促进流程管理体系迭代创新。

2）关键流程设计

根据能源大数据中心的运营管控要点，可以从以下两个方面进行关键流程的设计。

（1）与市场化相关的流程

与市场化相关的流程应紧密联系能源大数据中心未来战略发展目标，根据市场的发展和客户的需求进行调整与创新。这是能源大数据中心持续健康发展的关键。当然，在这个过程中还需要不断强化对风险的防控，特别应制定对外部市场的风险管控机制，对可能存在的风险点进行逐一地识别，并采取相应的防控措施。

（2）与中台组织建设相关的流程

产品开发、平台运营等流程，涉及前台、中台、后台系统间职责和权限的分配，需要统筹能源大数据中心内外部各种资源支撑业务管理和风险防控，以建设强大的中台组织。对于不同类型的项目，各系统间如何分工与协作，如何更好地统筹各方资源集中力量做大市场，是需要深入研究的课题。同时，为提升决策效率和工作效率，应在中台系统的基础上对部分流程环节进行优化。

在传统的大数据运营流转模式（见图7-4）下，核心业务大多基于集中式架构开发，单体系统存在扩展性和弹性伸缩能力差的问题，无法适应多业务场景开发的需要；数据类应用多通过抽取—转换—加载（extract-transform-load，ETL）工具抽取数据实现数据建模、统计和报表分析功能，数据时效和融合能力不够，难以快速响应前端一线业务需求。这种运营模式以单个客户的需求为导向，业务应用和明细数据之间呈现强耦合关系，每一次业务开发都需要相应的一套流程支撑。这种模式的关注重点是业务开发和运营流程本身，所以业务开发往往是被动的，即完全根据单个客户的要求进行业务开发，缺少对业务复用性、延续性的考虑，影响中心对市场变化的及时反应，创新能力不足。

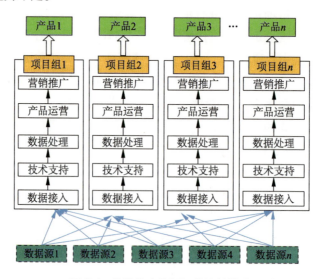

图7-4 传统的大数据运营流转模式

为有效解决传统运营流程存在的问题，能源大数据中心要以全生命周期运营为指导，以基于中台管理模式的组织架构为基础，设计构建能源大数据中心的运营流程体系。根据 ITIL 数据中心运营管理体系模型，能源大数据中心运营管理包含服务战略、服务设计、服务转换、服务运营和服务持续改进在内的 5 个生命周期，在设计流程时应以该生命周期为基础，梳理各部门工作流程及各个工作流程之间的相互关系，实现服务支撑和服务交付。在基于中台管理模式的组织架构的基础上设计能源大数据中心运营流程时，要有效运用中台系统提炼各个业务条线的共性需求并将其打造成组件化的资源包，统一提供给前台业务部门使用，进一步简化运营流程，推动持续创新。

基于中台管理模式的运营流程如图 7-5 所示。

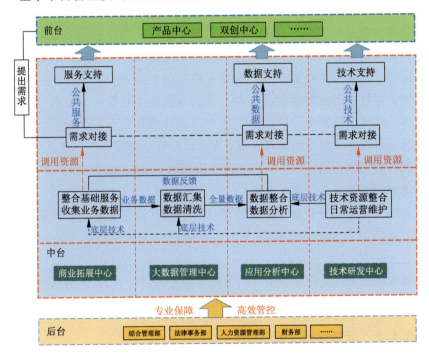

图 7-5 基于中台管理模式的运营流程

第8章 省级能源大数据中心运营主体和经营模式

8.1 运营主体

8.1.1 运营主体的类型

能源大数据是关系民生的国有数据资产，运营主体的实力是能源大数据发挥最大价值、实现国有资产保值增值的重要保障。同时，能源大数据中心运营、研发的工作量较大，需要有稳定的运营主体负责长期运营。央企、国企是社会责任的坚定承担者，可成为能源大数据中心有效运营的承担主体。能源大数据中心的运营实体可以选择成立联合股份公司、省级大型能源企业全资控股公司、省级或地方建设投资公司等。

联合股份制公司（以下简称联合股份公司）：成立股份制公司，可把省内的能源相关优势企业纳入进来。

省级大型能源企业全资控股公司（以下简称能源企业全资控股公司）：省级大型能源企业（如省级电力公司）新成立一家全资的子公司或者分公司。

省级或地方建设投资公司（以下简称地方城投公司）：地方城投公司在大数据管理局指导下开展数据运营工作。

8.1.2 运营主体对比分析

针对新成立能源大数据中心，分别以联合股份公司、能源企业全资控股公司、地方城投公司为运营主体做对比分析，如表8-1所示。

表 8-1　联合股份公司、能源企业全资控股公司、地方城投公司运营主体对比分析

比较项目	联合股份公司	能源企业全资控股公司	地方城投公司
决策速度	需要向股东负责，决策较慢	独立决策，速度较快	独立决策，速度较快
建设速度	产品业务经验多，建设较快	产品业务经验多，建设较快	产品业务经验较少，建设较慢
专业协同	有利于市场、业务优势发挥	可发挥业务优势	市场、业务经验相对少
资金来源	国有资本、社会资本、银行贷款	母公司资金、银行贷款	城投公司、银行贷款
分配机制	灵活	激励受体制、机制限制	激励受体制、机制限制
生态环境	先天良好	需要大力拓展	需要大力拓展

1）联合股份公司

潜在合作方较多，组建周期较长；易于快速开展产品建设、平台运营和系统运维；资金筹集压力相对较小，但需要考虑运营初期盈利困难、收入渠道不通畅的问题；不同股东可带来更多外部数据来源和市场渠道；可以独立承担相应的社会责任。

2）能源企业全资控股公司

组建速度较快，可依据能源大数据运营主体的定位和要求统筹考虑产品建设、平台运营和系统运维；资金需求较大，需要考虑运营初期盈利困难、收入渠道不通畅的问题；外部市场推广能力较强；可以独立承担社会责任，对母公司影响较小；现有人员能源业务经验和数据运用能力较强。

3）地方城投公司

团队组建速度较快，可依据能源大数据运营主体的定位和要求统筹考虑产品建设、平台运营和系统运维；资金需求较大，需要考虑运营初期盈利困难、收入渠道不通畅的问题；外部市场推广经验欠缺；可以独立承担社会责任，对母公司影响较小；现有人员能源业务经验和数据运用能力欠缺。

在不同运营主体方案设计中，考虑到能源大数据中心在国民经济发展中的特殊地位，可在组建速度、专业协同、初期运转、资金需求、市场推广、生态环境 6 个维度的基础上，引入独立承担社会责任因素，对能源大数据中心 3 种运营主体模式进行优劣势分析（见表 8-2）。整体来看，联合股份公司模式最优，能源企业全资控股公司模式居中，地方城投公司模式处于劣势。

表 8-2　3 种运营主体模式优劣势分析

比较项目	联合股份公司	能源企业全资控股公司	地方城投公司
组建速度	劣	中	中
专业协同	中	优	中
初期运转	劣	中	中
资金需求	优	中	中
市场推广	优	中	中
生态环境	优	中	中
独立承担社会责任	中	优	优

针对能源大数据中心"建转运"的需求，在具体实施时，尤其是在运营初期，考虑到能源大数据中心运营主体需承担的社会责任，以及多方资源协调有一定的困难、时间成本较高等情况，为了快速启动和推进运营工作，基于不同组织模式的优劣势分析，兼顾公司市场开拓与政府工作推进要求，建议由省级电力公司成立全资子公司推进初期运营工作。待能源生态圈逐步成熟稳定后，为保证能源大数据中心健康可持续发展，建议成立由政府参与、省级电力公司控股、多方合作的股份制公司。

8.2　经营模式

8.2.1　经营模式的类型

根据大数据从产生到市场应用的发展环节，可将大数据产业链划分为数据源、基础设施、软件系统和应用服务 4 个主体环节，"产业支撑"作为辅助环节。大数据产业链结构衍生出大数据各环节的经营模式，包括数据源供应、基础设施供应、软件系统供应、数据应用服务供应、数据交易平台服务、产业支撑服务等六大类经营模式。

1）数据源供应模式

数据源供应模式是指将源数据以库表、接口等形式提供给数据需求者，使其获得数据资产中所蕴含的价值，供应商根据数据需求量收费。该模式是大数据源层的主要经营模式，涵盖大数据产生的相关领域，包括传感终端、互联网、政府机关、运营商等。该模式主要以数据为产品输出，模式相对简单，不涉及数据的分析处理，但信息安全的政策风险较高，市场空间有限，当前只适用于政府层面公共服务领域的数据源供应服务。

2）基础设施供应模式

基础设施供应模式是将大数据基础设施以交易的形式提供给政府、企业等需求者，支撑其从数据资源中获得丰富价值，具体服务内容包括数据中心机房建设运维、"云计算"计算资源租赁、流量清洗、安全监测等。该模式是大数据基础设施层的主要经营模式，是以大数据基础设施建设为服务输出，供应商的准入门槛相对较高。目前，该供应模式市场发展已较为成熟，预计未来将呈平稳增长趋势，但不排除技术创新带来突破性增长的可能性。

3）软件系统供应模式

软件系统供应模式是指将大数据软件系统以交易的形式提供给政府、企业等需求者，支撑其更好地管理数据资源并从中获取相应价值，具体服务内容包括基础设施软件系统服务和应用软件系统服务。基础设施软件系统服务是指为大数据的采集、存储、管理和分析提供基础设施和运行环境。应用软件系统服务是指为满足应用需求提供相应支持。该模式是大数据软件系统层的主要经营模式，主要以大数据分析能力为产品输出，客户需求相对统一。

4）数据应用服务供应模式

数据应用服务供应模式是指将大数据分析处理成果以服务的形式提供给政府、企业、公众等需求者，满足其现实应用需求，并帮助他们获取更大的社会、经济价值。该模式是大数据应用服务层的主要经营模式之一，处于大数据产业链的顶端，用户群体最为广泛，需求最为丰富多样，基本涵盖了社会经济生活的所有主体，市场前景广阔。

5）数据交易平台服务模式

数据交易平台服务模式是指通过汇集第三方数据，构建开放的数据交易平台，为用户提供所需数据并获取收益。该模式也是大数据应用服务层的主要经营模式之一，需打通线上线下的数据服务营销、购买、消费链，对于数据技术支撑和数据安全保障等有较高的能力要求，在大数据发展初期并非主流模式，但随着大数据应用市场的不断成熟和发展，该模式的发展空间将不断扩大。

6) 产业支撑服务模式

产业支撑服务模式是指通过为大数据产业发展提供资金、技术、影响力等方面的支撑服务，以收入分成或服务佣金的形式获取收益。该模式是产业支撑服务层的主要经营模式，主要应用在辅助或推动大数据产业发展的相关领域，包括科研教育机构、创投孵化组织、行业咨询公司等。该模式以提供大数据产业支撑服务为输出，不直接涉及大数据生产领域，但对大数据产业发展具有重要推动作用。

8.2.2 经营模式对比分析

能源大数据中心要实现能源大数据"变现"，需根据大数据各主流发展模式的基本特点，深入分析相关产业的发展阶段和市场空间，结合自身优劣势，选择最适合的发展模式。能源大数据中心经营模式对比分析见表8-3。

表8-3 能源大数据中心经营模式对比分析

经营模式	优势	劣势	发展定位
数据源供应	数据体量大，涵盖广，真实性高	数据规范不统一，管理流程不规范，有安全问题	针对政府、企业、公众、公司
基础设施供应	有一定规模的硬件，网络基础优，客户资源丰富	基础设施技术水平不高，技术人员重视程度不够	可作为未来业务之一
软件系统供应	软件系统有一定规模和利用空间，客户资源丰富	软件系统技术水平不高，技术人员重视程度不够	可考虑软件系统二次利用，但是空间有限，可作为未来业务之一
数据应用服务供应	数据资源丰富，用户规模庞大，品牌影响深远	数据质量有待提高，分析处理能力有待提高	先从垂直行业、细分领域切入，打造能源大数据核心业务优势
数据交易平台服务	数据资产丰富，用户基础庞大，品牌影响深远	政策环境未明朗，技术能力差距大，运营思维有待革新	可作为今后拓展方向
产业支撑服务	品牌信誉可靠，产业影响深远	运营理念有待革新，技术能力有待加强，行业形象有待提升	结合自身优势，重点从行业咨询、创新孵化器等角度展开

1) 数据源供应模式是能源大数据应用的基础模式

能源大数据中心要会同相关单位共同研究制定能源大数据标准体系，整合数据资源，进行能源数据体系、数据归集渠道、数据采集接入、数据管理应用、信息共享服务建设，实现数据全过程管控。

（1）构建能源大数据体系

构建覆盖宏观层面、能源行业及其他相关数据的能源大数据体系，设定不同数据来源采信优先级，明确数据提供部门，确保"一数一源"。宏观层面数据主要包括全省宏观经济运行、发展规划、产业政策、体制改革、市场发展趋势等方面的数据，以及世界主要国家和地区、全国、先进省份等经济社会、能源发展等方面的数据，主要来源于统计局等政府相关部门，以及研究机构和网站；能源行业数据主要包括电、煤、油、气、水、风、光、生物质、地热等各能源品类的资源禀赋、开采加工、运输配送、能源转化、能源消费全过程数据，主要来源于统计局等政府相关部门、相关企业和网站；其他相关数据主要包括生态环境、气象、地理信息、交通、技术革新、工业价格等数据，主要来源于统计局等政府相关部门和网站。

（2）建立数据归集机制

建立涵盖统计局、工信厅、生态环境厅等政府部门，以及煤、油、气、电等相关企业的数据归集机制。根据不同数据类型及来源，将能源数据归集方式分为 3 种：

数据报送：针对各级政府部门与相关能源企业，形成固定的信息报送机制，通过信息报送系统定期在线上报能源信息，报送过程采用多级审核的流程，确保数据准确。

数据抓取：针对互联网发布的各类公开信息来源，通过大数据手段完成信息的抓取、清洗、录入。

系统接入：针对运行于互联网、政务网、企业网的信息系统，根据双方约定的数据访问方式和内容标准，建立数据接口，实现数据对接。

（3）数据分级管理

将能源信息按安全级别和敏感程度分为涉密数据、内部数据、公开数据，并结合数据安全等级和用户类型，设置管控要求和合理的访问权限。

涉密数据按国家法律法规处理，可根据要求选择有条件共享或不予共享；对于原则上不允许开放但部分确需开放的数据，可进行脱密处理。内部数据对省政府及提供相关数据的政府部门、企业无条件共享；对于公众在不违反国家法律法规的条件下，可部分予以开放或脱敏开放。公开数据可以完全开放，无条件共享。

2）产业支撑服务模式应与数据应用服务供应模式相融合

在数据应用服务供应模式的基础上，能源大数据中心应寻找投资机会，为企业提供资金、技术、影响力等方面的产业支撑服务，进而实现大数据中心的业务拓展。现阶段可结合企业用能、节能情况开展合作，如通过对企业的用能情况分行业进行大数据分析，及时发现能效水平亟待提升的相关行业，并有针对性地研究这些行业的节能技术改造方案，在此过程中实现双赢。从长远看，可以将这种合作扩展到能源勘测规划与开发、能源生产与运行、能源输送存储与调度、能源配售与消费等领域。

3）数据应用服务供应模式是能源大数据中心的重点拓展方向

数据应用服务市场空间最大，能力要求最高，是能源大数据中心的重点拓展方向。对能源大数据中心而言，数据应用服务既是数字化业务的重要组成部分，又是众多数字化服务实现的能力基础，是其未来实现大数据"变现"的核心价值点。从产业发展阶段看，数据应用服务供应模式的用户需求丰富，市场前景广阔，对于参与者软硬件实力的要求高，目前正处于市场机遇期，各方都有机会通过自身优势，抢占各细分市场乃至全局性的战略主动权。

（1）以应用驱动数据归集

一是坚持需求导向，实用实效。能源大数据中心应积极对接省发展改革委、省能源局、省能监办、省生态环境厅等政府部门，以及其他公司相关部门，确保应用场景服务对象明确，"发现真问题，真解决问题"。

二是坚持应用拉动，数据集聚。努力满足省能源监测预警和规划管理应用需求，以应用建设推动能源数据集聚，推进能源行业数据资源开发共享。

三是坚持科学高效，追求本真。基于大体量、多类型真实数据，利用大数据、云计算、地理信息等新一代信息处理技术，揭示能源、经济、环境之间的内在联系，探寻能源高质量发展规律。对于政府，促使能源领域各行业数据聚集，满足政府对能源规划、运行态势等的管理与监督需求；对于企业，推动能源企业提高运营效益，推动工业企业提高用能效率；对于公众，满足公众方便、快捷用能需求，推动公众降低用能成本。

（2）构建微服务微应用研发机制

创新能源大数据应用场景开发思路，构建应用场景功能树，实现应用场景"目标导向，逐项研发"，构建微服务微应用研发机制，实现功能研发的"上下贯通，有效闭环"。一是设计应用场景时，自上而下逐级分解，将场景逐层细化为功能、微应用、微服务，并逐一明确到数据源；二是开发应用场景时，自下而上逐级开发模块化的微服务、微应用，再组合实现各项功能，最终完成应用场景的建设。

（3）拓展能源数据应用领域

能源大数据具有广阔的应用场景，主要的拓展应用领域包括能源勘测规划与开发、能源生产与运行、能源输送存储与调度、能源配售与消费、智慧城市建设（见图 8-1）等。

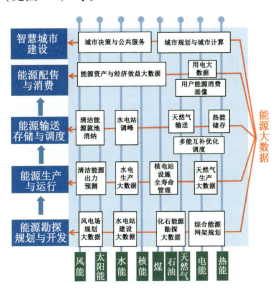

图 8-1　能源大数据未来的应用领域

能源勘测规划与开发。能源属于典型的重资产行业，一般资本投入较高，想要获得较高的能源开发投资回报的关键是，通过规划建设的过程管控形成优质的能源资产。规划建设在能源开发利用全生命周期中的地位及复杂性，决定了规划建设的信息化是能源信息化的重中之重。利用大数据科学、有效地管理和控制能源规划建设，是形成有竞争力的能源资产的关键。

能源生产与运行。大数据综合分析利用可显著提升能源生产运行精益化水平，提高资源综合效益、资源利用效率和系统安全性。大数据在提高设备设施可靠性、已开发的可再生能源上网利用率及资源多目标综合协调利用率等方面有广阔的应用空间。

能源输送存储与调度。能源资源空间分布不均衡、资源禀赋不同及消费需求的时空不平衡决定了能源输送存储与调度对经济社会环境极其重要。大数据有助于对复杂时空条件下的能源供给与消费关系进行分析、预判与优化平衡，更好地满足人民群众日益增长的能源消费需求和生态环保要求。

能源配售与消费。能源消费终端所提供的大数据，一方面从多个维度反映了能源消费者的用能行为特征，为能源交易市场和差异化、精细化的用能管理提供了信息基础；另一方面可应用于用户侧的能源管理，结合用户具体用能特点，综合调控各个用能环节，实现节能降耗。

智慧城市建设。能源大数据的"社会属性"决定了其蕴含着丰富的商业价值和社会价值。能源消耗量及能源结构的变动在一定程度上揭示了经济发展状况与发展规律，将能源数据与其他领域的数据相结合，可在不同时空尺度下精准分析个体与群体的行为规律。能源大数据综合分析及应用，能全面提高能源监管能力、能源保障能力、能源服务能力、主体决策分析能力。能源大数据系统对接各类能源相关产业部门、供能主体、用能主体，获取相关数据并进行展示、分析及应用，能为城市规划、产业规划、绿色生态发展提供能源方面的决策数据支持，为经济运行管理、项目管理、经济与信息化等提供有效信息，为经济发展统揽全局提供支撑。

4）**数据交易平台服务模式是未来发展的方向**

在数据源供应模式的基础上，构建开放的数据交易平台，打通线上线下的数据服务营销、购买、消费链，是未来发展的方向。从交易平台建设的角度，可以有3种选择：一是在现有交易平台上交易，用户通过注册成为会员，将数据提供给中心，由中心进行产权确认，并根据用户需求进行相应的数据处理，再提交到交易平台，中心按确认的产权产值或事先确定的收入方式获得收入。二是成立独立的交易平台公司，允许行业内的企业和相关政府机构、事业单位、个人注册成为会员，形成行业性的大数据交易所。三是与现有大数据交易机构合作，成立合作、合资的行业性交易平台，完成行业性或延伸到大能源范围的数据产品交易。

第9章 省级能源大数据中心产品体系和盈利模式

9.1 产品体系和业务范围

9.1.1 产品体系

能源大数据中心的需求方主要有以下几类：① 政府系统。能源消耗数据实时监控，统计管理方案；动力设备运行诊断方案；照明/空调用电监控方案。② 电力系统。居民用户数据集抄方案；工商业用户能源数据管理方案；电网负荷监测方案。③ 热力系统。住宅用户用热数据管理方案；工商业冷（热）量消费管理方案；管网能耗分析方案。④ 能耗企业。耗能数据及分析诊断方案；能效提升方案；照明/空调用电监控方案。⑤ 城市管理。数字化园区方案；智能小区解决方案。

能源大数据中心的产品包括以下几类：① 数据源类。信息平台，包括政策法规、科研技术、能源企业情况、投资环境等信息；数据平台，主要包括各类能源的投资、生产、消费、贸易、价格等数据，以及能源企业、能源项目、资源环境等相关数据。② 数据服务类。节能服务，主要针对用能企业，通过收集或监控用能企业的能源数据，分析供需关系、同类企业用能情况及历史数据，为用能企业提供专项节能方案；能源城市服务，主要针对政府机关、学校、写字楼、商贸广场等，通过收集与监控用户的能源数据，向业主提供报警、数据分析等信息服务；能源效率服务，主要针对产、供能单位或机构，为客户提供提高系统能源效率的解决方案；能源管理承包服务，主要针对供热公司、燃气公司、自来水公司，提供集约化的抄表收费服务及能源使用行为、状况统计分析。③ 创新业务类。提供能源勘测规划与开发、能源生产与运行、能源输送存储与调度、能源配售与消费等领域的咨询，以及能源行业创新孵化器服务。

9.1.2　业务范围

基于以上对能源大数据中心经营模式的对比分析及建设定位，其运营业务范围主要包括算力服务、平台服务、数据产品服务、衍生服务等，如表 9-1 所示。

表 9-1　省级能源大数据中心运营业务范围

业务类别	业务内容
算力服务	服务器租赁、存储资源租赁、边缘计算资源代理、云计算资源代理、5G 资源代理、北斗资源代理
平台服务	提供应用平台、交易平台、双创平台、撮合平台
数据产品服务	数据交易、数据分析能力输出、模型分析、报告分析
衍生服务	广告投放、保险等

结合能源大数据资源服务状况和现有能源大数据资源服务产品的特点，以及政府、企业、公众三大主要服务对象，能源大数据中心可以构建 3 个"面向"的产品体系。

（1）面向政府，辅助政府进行能源相关决策，实现能源领域数据聚集，满足政府对能源规划、运行态势监督等行业管理的需求，助力能源转型，推动数字化转型。

（2）面向企业，支撑企业精益化管理，提高能源企业运营效益，提高工业企业用能效率。

（3）面向公众，满足公众便捷用能需求，降低公众用能成本，提升数字化服务能力。

进一步梳理能源大数据的价值，可将能源大数据产品体系细化，如表 9-2 所示。

表 9-2　省级能源大数据产品体系细化

产品分类	服务	产品/平台	面向对象
决策类数字产品	宏观经济分析	能效在线监测平台	政府、企业
		不动产空置率平台	政府、企业
		电力看经济预测预警平台	政府、企业、公众
		不动产使用精准分析平台	政府、企业
	电替代治理	进程监控平台	政府
		效果分析平台	政府
		决策支撑平台	政府
		停工监测平台	政府
	大气污染防治攻坚	排放监测平台	政府、公众
治理类数字产品	企业经营分析	企业节能监控平台	企业
		开店选址平台	商户
		行业经营分析平台	投资人、企业
		企业数据分析平台	企业
	电力金融服务	企业贷款平台	银行、贷款类业务企业
		贷中贷后监察平台	银行、贷款类业务企业
	新能源运维监控	设备运维平台	设备企业、运维企业
		在线监测平台	用能企业
		分布式光伏产品	能源类公司
	B2B 交易服务	采购平台	企业
		咨询平台	企业
	电动汽车运营服务	电车充电平台	公众
		车辆服务平台	车企、公众
		建桩选址平台	企业
		保险平台	保险公司、公众
		广告平台	广告公司
		电商平台	商户、公众
	电费二次营销服务	电费理账平台	公众

续表

产品分类	服务	产品/平台	面向对象
服务类数字产品	公众用能优化服务	用能分析平台	公众
	用户增值服务	公众信贷平台	银行、公众
	智能政务服务	水电煤服务平台	公众
		其他政务平台	公众

9.2 盈利模式与盈利途径分析

9.2.1 盈利模式分析

根据能源大数据中心的业务模式，其盈利模式主要包括数据交易的盈利模式、数据平台的盈利模式、产业支撑服务的盈利模式、软硬件供应的盈利模式等。

1）数据交易的盈利模式

在数据源供应模式和数据应用服务供应模式下，能源大数据中心价值实现模式主要有一次性交易数据所有权模式、多次交易数据使用权模式和保留数据增值收益权模式 3 种（见图 9-1）。

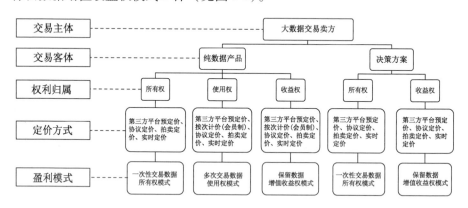

图 9-1　数据交易的盈利模式

（1）一次性交易数据所有权模式

一次性交易数据所有权模式即一次性转移数据所有权、使用权、处分权、收益权。这一模式主要适用于按次计价、协议定价、拍卖定价等方式。

① 按次计价：采用会员制，用户通过注册成为中心会员，可购买数据信息一定的调用次数，每次正常发起数据调用，进行计费操作。② 协议定价：可以和信息需求方通过协商的方式形成一个双方认同的交易价格。③ 拍卖定价：在涉及多个买家的情况下，可以采取拍卖定价的方式，根据对数据价值的评估确定起拍价及加价服务等相关拍卖规则。

决策是一个经过数据搜集、加工并根据数据分析结果做出判断、得出结论的过程。因此，决策方案需求普遍具有针对性，可能包含用户隐私，所以交易决策方案类数据产品时，应该完全转移所有权，故其不适用于使用权权利归属，也不适用于按次计价的定价方式。

在协议定价和拍卖定价方式下，如何在保证数据所有权转移的同时，实现利润最大化是一次性交易数据所有权模式的核心。

（2）多次交易数据使用权模式

与一次性交易数据所有权不同，该模式对数据使用权进行反复多次的交易，但始终保持对数据的所有权，能够通过多次数据使用权交易获得更多的利益。按次计价定价方式或 API 调用技术，更强调对数据的多次使用或调用。

但数据产品具有低成本可复制性、便捷可传递性，在多次交易数据使用权模式下，如何对交易数据进行安全、保密、可控传递，避免数据被大规模复制使用是这一盈利模式的关键。

（3）保留数据增值收益权模式

能源大数据中心可通过把控数据的来源和数据的采集、处理、分析过程，评价数据的价值，并预测数据交易后是否有增值收益可能性，从而判断是否需要保留数据收益权，并按一定比例与买方进行合同约定。

2）数据平台的盈利模式

随着经营模式的发展，能源大数据中心将成为能源大数据交易的中介平台，交易不同数据所有者提供的数据，并涉及利益分配。数据平台的盈利模式（见图 9-2）主要有交易分成和保留数据增值收益权两种。

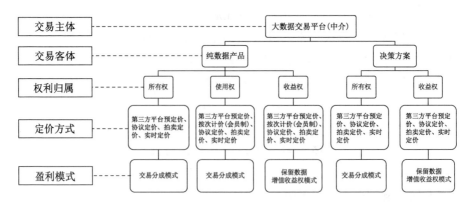

图 9-2　数据交易平台的盈利模式

（1）交易分成模式

作为数据交易中介，能源大数据中心可促成数据买卖双方对数据进行交易，并按比例收取相应的中介费用。数据买卖双方可以根据数据产品或数据服务的不同内容和性质，酌情采取多重合同的架构，多方面、多角度地进行规定，在考虑数据源等不同内容的同时，分别签署许可协议、运维协议、服务协议等，并约定分成比例。

（2）保留数据增值收益权模式

作为大数据交易平台，能源大数据中心会在完成初次交易后视具体的数据价值向数据买方收费，即基于对数据保留增值收益权实现收益。值得注意的是，作为数据交易中介机构，大数据交易平台需要在数据交易前准确预测数据交易后能否产生增值价值。这可以通过两种方式来实现：一是无论未来数据价值实现程度如何，大数据交易平台与数据买卖双方事先约定统一的对数据增值价值收益的分成比例和相关规定；二是设置专门的数据价值分析部门，针对每次交易的数据进行价值评估和收益预测，分级设置价值评估线，同时能源大数据中心根据价值评估情况确定是否需要保留收益权并按一定分成比例进行利益分配（这种方式要求能源大数据中心在对数据使用价值进行评估及预测方面具有较强的能力）。

3）产业支撑服务的盈利模式

产业支撑服务主要通过合资、合作形式完成，定价方式主要为协商定价。

4）软硬件供应的盈利模式

软硬件供应包括提供基础服务和增值服务。基础服务指能源大数据中心为客户提供托管服务（包括标准化的机柜空间、高速宽带和 IP 地址服务）、增值服务（如安防系统、网络系统、电力系统等服务），以及满足客户需求的定制化服务。基础服务可随市场定价，增值服务可协商定价。

9.2.2　盈利途径分析

参照能源大数据中心主要的盈利模式，基于能源大数据这种业务形态的特点，中心的盈利途径主要包括"六端"和"一平台"（见图 9-3）。

"六端"指的是源、池、汇、融、创、管。其中，"源"指的是供应侧的数据来源和资源来源；"池"指的是供应侧数据归集后形成的数据池；"汇"指的是基于数据池研发形成的大数据产品和大数据服务；"融"指的是基于平台资源整体（数据、应用、服务、算力等资源）打包融合形成的组合子平台；"创"指的是双创融合企业基于大数据平台形成的增值收益；"管"指的是平台运营过程中产生的数据资源，包括用户数据、评价数据、运营数据、用户广告等。

"一平台"指的是运营平台，盈利主要来源于用户广告、平台自营收入、中介费等。

"六端"形成数据横向产业链，"一平台"为供给侧和需求侧提供平台管理、交易等服务和保障，通过能源大数据中心的运营管理，形成 3 个数字产品能力支撑和 3 类用户运营支撑。

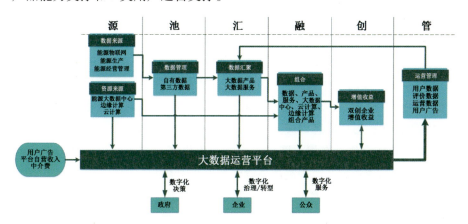

图 9-3　能源大数据中心的盈利途径

9.3 省级能源大数据中心产品和服务的推广模式

9.3.1 建立营销推广平台

建立统一的产品营销推广平台，将产品信息、营销系统、用户需求等信息集成到统一平台上。通过平台可以查看产品信息、产品报价、解决方案、优秀案例、产品销售情况、各产品适用客户等。

这要求产品部门与营销机构直接对接，实现信息资源互通，产品部门协助营销机构开拓市场，营销机构及时将一线信息传递至研发线，配合产品部门不断丰富产品体系，满足市场需求。

场景设想：当获取到用户需求时，直接在系统录入用户需求，系统根据需求关键字，利用大数据技术推送相关产品及方案（可以是单独的产品，也可以是产品+定制方案），工作人员进一步筛选，删除不合适的方案，留下合适的方案并与产品部门做进一步沟通。随着业务量的不断增加，系统积累的数据会越来越多，可利用机器学习方法，不断优化推荐模型，使得推荐越来越准确。

9.3.2 制定产品和服务推广策略

1）提高影响力

通过有效的市场宣传手段或者其他形式持续打造品牌影响力，提升品牌价值，扩大产品知名度。具体方式如下：

① 参加专业的行业展会。例如，参加大数据博览会，邀请关键客户一起参与并分享成功案例，打造专业的大数据供应商形象，有利于大数据产品的品牌传播，形成品牌效应。

② 与媒体合作。在相关网站、报纸、手机客户端等业内影响力较大的媒体发布新闻或者软文，提高媒体曝光率并提升用户口碑。

③ 参加大数据行业奖项评选。参加由工信部、软件行业协会等政府部门、专业机构组织的大数据技术、产品、解决方案等相关的专业奖项评选，获得专业机构的认可，为大数据产品的销售提供有力支撑，坚定用户信心。

④ 网站宣传。通过维护大数据产品自有网站，更新产品动态，建立产品案例库，提供产品免费试用机会并宣传推广。

2）开展合作，扩大市场范围

通过合作的方式，扩大产品知名度，寻找更多的合作机会。具体方式如下：

① 与硬件服务器厂商或者云服务商合作，推广能源行业大数据产品。

② 与高校合作，成立大数据联合实验室，针对某领域开展合作与研究，研究成果既可以供高校科研使用，也可以供企业研发新产品使用。这种方式有利于高校教育真正与社会需求接轨，帮助院校了解真正的企业数据应用需求，也有利于能源大数据中心借助高校科研平台持续创新。

9.3.3 制定客户关系策略

目前，能源大数据中心的核心产品已经拥有稳定的市场份额，客户对产品与服务的认可度较高，此时与客户维系良好的关系十分重要。制定客户关系策略最为关键的就是关注客户，以客户的需求为出发点，通过维护与客户的关系及其他一系列方法来提高客户对产品或服务的使用黏性，进而提高客户对能源大数据中心的满意度、忠诚度。和谐的客户关系与优质的服务是营销活动长久持续有效的重要保证。

1）提供宣讲与培训

建立相关机制，为客户提供有价值的能源大数据相关产品或业务培训。在客户购买产品前有针对性地进行宣讲，可增进客户对能源大数据产品的深入了解，吸引客户购买相关产品；在客户购买产品后提供培训服务，可使客户对该产品各项功能更加了解，帮助其提高工作效率，同时帮助他们解决在日常工作中遇到的产品使用方面的相关疑问。跟踪服务类培训活动，不仅可以增进与客户的关系，增加产品或服务的二次销售机会，还可以及时了解客户的需求变化，有利于产品的更新迭代。

2）提高前端人员服务能力

与客户直接接触开展产品销售、客户关系维护等工作的前端人员，包括销售岗位、需求岗位、运维岗位人员等，必须具有较强的专业能力。客户除了在日常工作中通过产品使用了解产品特性外，还可以通过与相关人员沟通交流了解公司的企业文化等。提高前端人员服务能力的主要措施包括：制定服务机制，定期公布问题及处理进度；制定奖励机制，表彰优秀人员，树立榜样、学习标兵；组建专业团队，保证服务质量。

9.3.4 制定服务策略

服务策略是从提高为客户服务的能力的角度让客户对产品产生依赖和使用黏性的一种策略。

1）改善产品体验，提升客户满意度

在产品开发前，充分了解客户需求，设计相应的产品功能；在市场调研阶段，充分征求目标客户的意见，了解客户的使用习惯和主要诉求，让客户有机会参与到产品的规划设计中；在产品发布进入市场后，逐步改善产品体验，让产品更贴近目标客户，获得客户的认可。

2）提供个性化服务

① 提供专业售后客服，且与市场同类产品相比具有差异化服务优势。客户购买产品后可定期反馈使用情况，中心根据用户使用情况可分析用户使用行为、关注点及各功能模块使用频次等，了解产品使用情况。

② 组建专门的售后团队，通过电话、上门拜访等形式定期与客户沟通，了解产品使用情况、客户需求等，并进行新产品宣讲等，这样不仅能够帮助客户解决产品使用过程中遇到的问题，还能争取二次销售机会。

第10章 省级能源大数据中心运营评价体系的构建

10.1 运营评价体系模型

10.1.1 数据中心服务能力成熟度评价

数据中心是由计算机场站（机房）、机房基础设施、信息系统硬件（物理和虚拟资源）、信息系统软件、信息资源（数据）和人员，以及相应的规章制度组成的组织。数据中心服务能力是指数据中心组织、协调、控制和调配资源以产生价值、实现目标（满足数据中心相关方诉求）的能力，以及向相关方提供专业服务的能力，包括战略发展能力、运营保障能力、组织治理能力。若进一步细分到数据中心服务能力要素层面，则包括人员、过程、技术、资源、政策、领导、文化等。数据中心服务能力框架如图10-1所示。

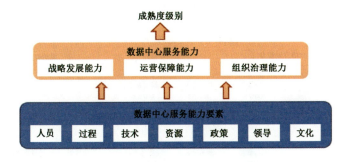

图 10-1 数据中心服务能力框架

数据中心服务能力成熟度可反映数据中心单个或整体服务能力充分性、适宜性和有效性的综合水平。业界通常采用5分制成熟度得分和成熟度分级方法测评数据中心服务能力成熟度，这两种方法对数据中心单个能力项，以及整体服务能力的成熟度得分计算方法与成熟度分级标准、特征描述均有相关规定。

10.1.2 数据中心服务能力成熟度模型

《信息技术服务 数据中心服务能力成熟度模型》(GB/T 33136—2016)提出了数据中心服务能力成熟度评价的服务能力框架。这是国内首个由数据中心用户(需求侧)主导的服务能力成熟评价标准,采用成熟度分级的评价方法,为数据中心服务能力体系的建设和提升提供有效指引。该标准依据能力要素的不同要求,构建了包含 3 个能力域(战略发展、运营保障、组织治理)、11 个能力子域(战略管控、传承创新、稳健发展、例行管理、服务支持、服务交付、安全管理、质量管理、治理架构、组织风险、驱动机制)、33 个能力项(战略管理、项目管理、知识管理、创新管理、财务管理、人力资源管理、架构与技术管理、监控管理、值班管理、作业管理、服务请求管理、事件管理、问题管理、变更管理、发布管理、资产与配置管理、服务级别管理、可用性管理、性能与容量管理、IT 服务连续性管理、供应商管理、信息安全管理、安健环管理、文档管理、评审管理、审计管理、持续改进管理、职能管理、关系管理、合规管理、风险管理、绩效管理、组织文化管理)在内的完整的能力框架(见图 10-2)。

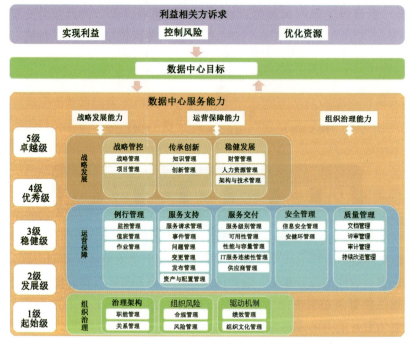

图 10-2 数据中心服务能力成熟度模型框架

数据中心服务能力成熟度模型借鉴 ISO 20000、能力成熟度模型集成（capability maturity model integration，CMMI）、信息技术基础架构库（ITIL）、信息技术服务标准（information technology service standards，ITSS）等众多标准理论，从数据中心相关方实现收益、控制风险和优化资源的基本诉求出发，确立数据中心的目标及实现这些目标所应具备的服务能力。通过对每个能力项的评价及加权计算可得到数据中心服务能力成熟度，自低向高依次为起始级（1 级）、发展级（2 级）、稳健级（3 级）、优秀级（4 级）、卓越级（5 级）。

数据中心服务能力由能力要素驱动，可将服务能力驱动要素转化为能力项的评估要素，通过对评估要素进行评估得出能力项成熟度，进而确定数据中心服务能力成熟度。其中，数据中心服务能力整体成熟度依赖于数据中心的 33 个能力项成熟度，而每个能力项成熟度依赖于人员、过程、技术、资源、政策、领导、文化 7 个能力要素，这 7 个能力要素可转化为管理人、执行人、过程、技术、资源、政策、领导、文化 8 个评价要素。

10.1.3　数据中心服务能力成熟度评价模型构建

数据中心服务能力成熟度评价模型的构建主要有 3 个步骤：一是评价指标分级标准设计；二是能力项成熟度分级标准设计；三是数据中心服务能力成熟度分级标准设计。

1）评价指标分级标准设计

（1）评价指标

成熟度模型采用基于证据的方法进行能力项成熟度评价，每一个能力项通过 7 个能力要素分解出 8 个评价要素，并按照评价要素的特性确定 13 个评价指标（管理人充分性、管理人适宜性、执行人充分性、执行人适宜性、过程充分性、过程有效性、技术充分性、技术适宜性、资源充分性、政策充分性、政策适宜性、领导充分性、文化充分性），见表 10-1。

表 10-1　数据中心服务能力评价要素及评价指标

能力要素	评价要素	评价要素定义	评价指标
人员	管理人	各能力项的管理者，承担协调和管控的职责	管理人充分性
			管理人适宜性
	执行人	执行各能力项相关活动的人	执行人充分性
			执行人适宜性
过程	过程	各能力项的一系列相互关联的活动	过程充分性
			过程适宜性
技术	技术	与各能力项活动执行相关的方法、平台和工具	技术充分性
			技术适宜性
资源	资源	与各能力项配套的人力、财力和物力等	资源充分性
政策	政策	与各能力项目配套的原则和策略，以及转化和落实所需要的制度规范和操作指引	政策充分性
			政策适宜性
领导	领导	数据中心管理层对能力项的重视与支持程度	领导充分性
文化	文化	相关方对各能力项的认知和认可程度	文化充分性

资料来源：根据《数据中心服务能力成熟度评价要求（RB/T 206—2014）》整理。

（2）评价指标取值标准

评价指标可遵循表 10-2 中的标准来确定取值，从而得到管理人、执行人、过程、技术、资源、政策、领导、文化等评价要素的分值。

表 10-2　数据中心服务能力评价指标取值标准

评价要素	评价指标	低	中	高
管理人	管理人充分性	管理人职责没有对应到人，或管理职责基本没有得到履行	管理人职责对应到人；管理职责得到部分履行	管理人职责定义完整、合理，且对应到人；管理职责得到履行，且管理效果纳入管理人绩效；有 A/B 角设置，且 B 角能保证能力项的运行
	管理人适宜性	管理人不具备主观能动性，或无相关技能和资历，或不具备协调和调度执行人的能力	管理人具备良好的主观能动性，或相关技能和资历，或协调和调度执行人的能力	管理人具备良好的主观能动性，以及相关技能和资历，管理人能够掌控能力项的运作，并具备良好的协调和调度执行人的能力

评价要素	评价指标	低	中	高
执行人	执行人充分性	执行人职责没有全部对应到人，或执行人职责基本没得到履行	执行人职责覆盖部分关键活动，且对应到人；执行人职责得到部分履行	执行人职责覆盖关键活动，且对应到人；执行人对应职责得到履行，有应急场景下的 A/B 角设置，且 B 角能保证关键活动的运行；角色对应人员有互斥设置并参照执行
	执行人适宜性	执行人不具备承担执行角色的能力	部分执行人具备良好的承担执行角色的能力，并按规定要求执行	执行人具备良好的承担执行角色的能力，并按规定要求执行
过程	过程充分性	关键活动基本没有执行	执行部分关键活动及接口关系，绩效有监测和管控	关键活动及接口关系得到定义并执行；绩效有量化监测和管控，以驱动能力项预测趋势并主动改进；有能力项对数据中心目标支撑情况的评估，并能根据需求变化进行相应的调整
	过程有效性	关键活动没有满足管理要求，无法达成既定目标	关键活动部分满足管理要求，部分达成既定目标	关键活动落地实施，绩效完整体现度量方向，满足管理要求，达成既定目标
技术	技术充分性	没有支撑能力项关键活动的过程化技术平台或专业方法、工具	有支撑能力项关键活动的过程化技术平台或必要的专业方法、工具	有支撑能力项关键活动的过程化技术平台，以及必要的专业方法和工具；技术平台支撑能力项的接口、集成、报表等功能
	技术适宜性	技术平台或专业方法基本无应用	技术平台的易用性、稳定性一般；技术平台或专业方法的应用情况一般，且用户对技术平台或专业方法的接受程度一般	技术平台的易用性、稳定性高；技术平台或专业方法应用情况良好，且用户认可
资源	资源充分性	资源投入不足，制约关键活动的执行	资源投入满足关键活动的执行需求	资源投入满足关键活动的执行、管控和改进需求，且保持稳定

评价要素	评价指标	低	中	高
政策	政策充分性	没有管理和执行策略	有管理和执行策略，并在相关的制度规范中体现	有管理和执行策略，并在相关制度规范及操作指引中体现
政策	政策适宜性	管理和执行策略不符合实际需求	管理和执行策略基本符合实际需求，对应制度、规范遵守程度一般，或需要根据实际情况进行调整	管理和执行策略符合实际需要，对应制度、规范得到遵守
领导	领导充分性	数据中心管理层基本不认可，或数据中心管理层支持不足	数据中心管理层了解能力项目标，关注运行效果，部分支持能力项运作	数据中心管理层了解能力项目标，对能力项有明确的管理要求，关注运行效果，协同一致支持能力项运作，并推动改进
文化	文化充分性	相关人对关键活动和要求缺乏认知或不认可	相关人对关键活动和要求有认知并部分认可	相关人对关键活动和要求有认知并认可，且能够执行

（3）评价要素取值计算方法

基于评价指标取值结果，对照表 10-3 的取值计算方法，可以得到评价要素的分值。

表 10-3　数据中心服务能力评价要素取值计算方法

能力要素	评价要素	分值	计算方法
人员	管理人	1	管理人充分性低或管理人适宜性低
人员	管理人	2	管理人充分性中且管理人适宜性中
人员	管理人	3	管理人充分性高且管理人适宜性中
人员	管理人	4	管理人充分性中且管理人适宜性高
人员	管理人	5	管理人充分性高且管理人适宜性高
人员	执行人	1	执行人充分性低或执行人适宜性低
人员	执行人	2	执行人充分性中且执行人适宜性中
人员	执行人	3	执行人充分性高且执行人适宜性中
人员	执行人	4	执行人充分性中且执行人适宜性高
人员	执行人	5	执行人充分性高且执行人适宜性高

能力要素	评价要素	分值	计算方法
过程	过程	1	过程充分性低或过程有效性低
		2	过程充分性中且过程有效性中
		3	过程充分性高且过程有效性中
		4	过程充分性中且过程有效性高
		5	过程充分性高且过程有效性高
技术	技术	1	技术充分性低或技术适宜性低
		2	技术充分性中且技术适宜性中
		3	技术充分性高且技术适宜性中
		4	技术充分性中且技术适宜性高
		5	技术充分性高且技术适宜性高
资源	资源	1	资源充分性低
		3	资源充分性中
		5	资源充分性高
政策	政策	1	政策充分性低或政策适宜性低
		2	政策充分性中且政策适宜性中
		3	政策充分性高且政策适宜性中
		4	政策充分性中且政策适宜性高
		5	政策充分性高且政策适宜性高
领导	领导	1	领导充分性低
		3	领导充分性中
		5	领导充分性高
文化	文化	1	文化充分性低
		3	文化充分性中
		5	文化充分性低

2）能力项成熟度分级标准设计

单个能力项的成熟度根据其成熟度特征由低到高划分为 0~5 级，分别是不存在、起始级、经验级、规范级、量化级和优化级（见表 10-4）。通过计算能力项成熟度得分可判断其所属的成熟度等级。能力项成熟度得分是通过客观取证，计算 7 个能力要素的充分性、适宜性、有效性等评价指标，然后加权平均得到的。

表 10-4 数据中心服务能力项成熟度分级标准

级别	名称	成熟度指标范围	特征
0 级	不存在	得分 = 0	没有管理活动
			能力要素不可辨识
1 级	起始级	1≤得分<1.5	零星的管理活动
			能力要素仅在特定情况下定义并应用
2 级	经验级	1.5≤得分<2.5	基于自身经验和日常惯有模式进行管理
			制定初步的管理规范，能力要素局部得到应用
			自我经验积累阶段，尚未形成数据中心统一规范
3 级	规范级	2.5≤得分<3.5	引进成熟的数据中心管理经验和标准进行管理
			针对能力项已建立数据中心统一的规范，以及支撑业务目标的能力项目标
			建立正式的内外部沟通机制
			能力要素（人员、过程、技术、资源、政策、领导、文化）已识别且发挥作用
4 级	量化级	3.5≤得分<4.5	能力项的运行效果有量化的分析和评价
			能力要素（人员、过程、技术、资源、政策、领导、文化）有效应用
			内部沟通机制发挥有效作用
			能力项执行结果达到其预期目标并支撑业务目标的达成，促进业务发展
5 级	优化级	4.5≤得分<5	基于量化数据，可实现对能力项的持续优化，以达成未来可预测的目标
			达成业务目标，驱动业务创新

能力项成熟度可以按照表 10-5 给出的评价要素权重进行计算。

表 10-5 数据中心服务能力评价要素权重

能力要素	评价要素	权重/%
人员	管理人	7
	执行人	8

续表

能力要素	评价要素	权重/%
过程	过程	33
技术	技术	12
资源	资源	10
政策	政策	10
领导	领导	10
文化	文化	10

3）数据中心服务能力成熟度分级标准设计

数据中心整体服务能力的成熟度根据其成熟度特征由低到高划分为1~5级，分别是起始级、发展级、稳健级、优秀级、卓越级（见表10-6）。通过计算整体服务能力成熟度得分、3个能力域成熟度得分和特定单个能力项成熟度得分等可综合判断其所属的成熟度等级。整体服务能力成熟度的任何能力域成熟度得分均由其包含的多个能力项成熟度得分加权平均得到。其中，数据中心服务能力成熟度分级规则包含数据中心服务能力成熟度指标值要求、能力域成熟度指标值要求、能力项成熟度级别要求。

表 10-6　数据中心服务能力成熟度分级规则

级别	取值范围	战略发展能力域	运营保障能力域	组织治理能力域	特征
起始级	1≤得分<1.5	无要求	运营保障能力域加权平均达到1分	无要求	仅有部分能力项对运营保障进行支撑
		无单个能力项要求	值班管理、作业管理、变更管理、事件管理、监控管理、服务请求管理达到规范级	无单个能力项要求	意识到能力项过程化管理对服务能力提升的重要性
发展级	1.5≤得分<2.5	战略发展能力域加权平均达到1分	运营保障能力域加权平均达到1.8分	组织治理能力域加权平均达到1分	已有大量能力项对运营保障进行支撑，但尚未形成体系
		无单个能力项要求	除起始级要求的能力项外，问题管理、发布管理、可用性管理、性能与容量管理、IT服务连续性管理、信息安全管理达到规范级	无单个能力项要求	通过对能力项采取过程化管理提升服务能力，提高相关方满意度

级别	取值范围	战略发展 能力域	运营保障 能力域	组织治理 能力域	特征
稳健级	2.5≤得分<3.5	战略发展能力域加权平均达到2分	运营保障能力域加权平均达到2.8分	组织治理能力域加权平均达到2分	已有完整能力项对运营保障进行支撑，且已形成体系
					已有部分能力项对战略发展进行支撑，但尚未形成体系
		项目管理、知识管理达到规范级	除发展级要求的能力项外，供应商管理、资产与配置管理、文档管理、服务级别管理达到规范级	风险管理、合规管理达到规范级	已有部分能力项对组织治理进行支撑，但尚未形成体系
					全面采取过程化管理，提供安全、稳定、满足质量目标的服务
优秀级	3.5≤得分<4.5	战略发展能力域加权平均达到3分	运营保障能力域加权平均达到3.8分	组织治理能力域加权平均达到3分	引入质量管理方法对运营保障全部能力项实施监测、度量与控制
					已有大量能力项对战略发展进行支撑
		除稳健级要求的能力项外，财务管理、架构与技术管理达到规范级	除稳健级要求的能力项外，安健环管理、持续改进管理、审计管理、评审管理达到规范级	除稳健级要求的能力项外，关系管理、绩效管理达到规范级	已有大量能力项对组织治理进行支撑
					全面考虑相关方需求，提供经过证明的、有竞争力且值得信赖的高质量服务
卓越级	4.5≤得分<5	战略发展能力域加权平均达到4分	运营保障能力域加权平均达到4.5分	组织治理能力域加权平均达到4分	全面引入成熟的质量管理方法，数据中心战略目标、运营目标、治理目标能够达成并不断改进
					运营保障全部能力项不断得到优化和提升
		除优秀级要求的能力项外，战略管理、创新管理、人力资源管理达到规范级	继承优秀级能力要求	除优秀级要求的能力项外，组织文化管理、职能管理达到规范级	已有完整能力项对战略发展进行支撑且已形成体系
					已有完整能力项对组织治理能力进行支撑且已形成体系
					成为行业标杆，驱动业务发展

　　按照表10-7给出的能力域、能力子域和能力项参考权重可计算数据中心服务能力成熟度。

表 10-7 数据中心服务能力项权重参考

能力域	权重/%	能力子域	权重/%	能力项	权重/%
战略发展	20	战略管控	30	战略管理	40
				项目管理	60
		传承创新	30	知识管理	40
				创新管理	60
		稳健发展	40	财务管理	30
				人力资源管理	30
				架构与技术管理	40
运营保障	60	例行管理	15	监控管理	40
				值班管理	30
				作业管理	30
		服务支持	30	服务请求管理	10
				事件管理	20
				问题管理	20
				变更管理	20
				发布管理	15
				资产与配置管理	15
		服务交付	30	服务级别管理	20
				可用性管理	20
				容量管理	20
				IT 服务连续性管理	20
				供应商管理	20
		安全管理	10	信息安全管理	60
				安健环管理	40
		质量管理	15	文档管理	20
				评审管理	20
				审计管理	20
				持续改进管理	40

续表

能力域	权重/%	能力子域	权重/%	能力项	权重/%
组织治理	20	治理架构	30	职能管理	60
				关系管理	40
		组织风险	35	风险管理	50
				合规管理	50
		驱动机制	35	绩效管理	50
				组织文化管理	50

10.2　省级能源大数据中心运营评价方案

10.2.1　运营评价指标选取方案

制定科学合理的运营评价体系是能源大数据中心认知自身运营能力、明确未来发展方向的有效途径。运营评价体系的核心在于运营评价指标的选取，在构建评价指标体系时应当遵循以下几点原则。

1) 全面性原则

想要综合评价能源大数据中心的运营能力，所构建的指标体系应能够充分展现中心运营能力的内涵，在整体上披露能源大数据中心现状和真实的运营能力。不同指标代表着不同方面，单一指标存在一定的局限性，因此在选取指标时，应当遵循全面性原则。

2) 代表性原则

面面俱到虽然包含了足够的信息量，但会使评价指标体系庞大，在实际应用过程中评价效率降低，造成资源浪费。因此，在构建指标体系时需要选择包含不同方面且具有代表性的运营能力指标，统筹兼顾，既要有全方位的运营评价能力，又要避免评价信息冗余。

3) 层次性原则

在构建评价指标体系时应该全面梳理评价对象的构成要素，针对每一构成要素分析其关键过程域，综合能源大数据中心的建设实施经验选取关键要素，并按照指标间递进的关系排列形成一个多层次的指标体系。

4) 目标性原则

指标体系的建设目标是全面评价能源大数据中心的运营能力成熟度，

在选取指标时应当明确评价的对象和目的，将能源大数据中心运营能力建设各个环节的特点体现在指标中，将与目标无关或者关联性不强的指标剔除。

5）实操性原则

评价指标的选取应当充分考虑其在操作过程中数据的易得性，避免为单独获取某一指标的数值而设计复杂的程序。

10.2.2　运营评价体系设计方案

对能源大数据中心运营能力的评价既是对其有效组织技术人员通过技术管理流程完成约定质量的服务交付能力的评价，也是对其能否长期提供稳定服务能力的评价。参考数据中心服务能力成熟度模型中的服务能力要素，结合能源大数据中心的特点，其运营能力评价体系（见表 10-8）设3 个一级指标（战略发展能力、运营保障能力、组织治理能力）和 11 个二级指标（战略管理能力、稳健发展能力、创新发展能力、服务交付管理能力、日常运维管理能力、资源操作管理能力、资源管理能力、安全管理能力、治理架构、组织风险管理能力、驱动机制），在实际工作中二级指标还可以进一步分解为若干个三级指标。

表 10-8　能源大数据中心评价指标体系

一级指标	建议权重/%	二级指标	建议权重/%
战略发展能力	20	战略管理能力	30
		稳健发展能力	40
		创新发展能力	30
运营保障能力	60	服务交付管理能力	30
		日常运维管理能力	30
		资源操作管理能力	15
		资源管理能力	15
		安全管理能力	10
组织治理能力	20	治理架构	40
		组织风险管理能力	30
		驱动机制	30

1）战略发展能力

战略发展能力是指能源大数据中心有效组织技术管理人员对技术架构、流程制度、组织人员和技能等开展规划设计工作，保障中心长期稳定运行的管理能力。战略发展能力可以分解为战略管理能力、稳健发展能力和创新发展能力3个二级指标。

（1）战略管理能力

战略管理能力是指通过对相关方诉求的分析，制定符合能源大数据中心目标的战略，并通过战略执行和评价，提升能源大数据中心的规划管理能力，促进数据中心合理、科学发展。战略管理能力的评价还应该包括项目管理能力评价，即评价中心围绕战略目标，开展项目范围、进度、质量、成本的控制，保证项目的有效执行，落实战略目标的能力。

（2）稳健发展能力

稳健发展能力是指能源大数据中心通过采取有效的管理手段实现健康稳定发展的能力，具体包括财务管理、人力资源管理、架构与技术管理等方面的能力。其中，财务管理是指通过中心预算和核算管理，在财务合规的基础上，提高资金使用效益，提升投资回报率。人力资源管理是指根据能源大数据中心发展战略要求，有计划地对人力资源进行合理配置，通过招聘、培训、使用、考核、激励、调整等一系列过程，调动员工积极性，发挥员工潜能，为中心创造价值。架构与技术管理是指构建并应用相应的架构及技术以满足能源大数据中心运营及发展的需要。

（3）创新发展能力

创新发展能力是指能源大数据中心在技术应用和实践活动中通过运用新思想、新理论、新方法实现业务目标，改善服务交付并达到相应目标的能力。创新发展能力主要包括创新管理能力和知识管理能力。

2）运营保障能力

能源大数据中心的运营保障能力主要包括服务交付管理能力、日常运维管理能力、资源操作管理能力、资源管理能力、安全管理能力5个方面。

（1）服务交付管理能力

服务交付管理能力是指能源大数据中心对外服务的能力，包含服务质量管理、服务计费（或预算配额）管理、客户关系管理、服务请求管理等。其中，服务质量管理、服务计费管理可以从管理体系的完整度、应用范围等角度评价；客户关系管理可以从客户关系管理体系的完整性、客户满意度等角度评价；服务请求管理可从流程完整性、问题解决率、处理及时率、单位工单处理成本等角度评价。

（2）日常运维管理能力

日常运维管理能力是指能源大数据中心有效组织技术人员对应用系统、平台软件、基础架构和基础环境等各类软硬件设施的日常维护、系统变更和故障处理等进行管理的能力。日常运维管理能力评价包括对监控管理、故障管理、问题管理、容灾管理、性能管理、访问管理等的评价，可以从响应时间、完成时间、完成质量、处理成本等角度评价。

（3）资源操作管理能力

资源操作管理能力是指能源大数据中心对基础架构和应用系统等维护工作的管理能力，具体包括调度管理、资源部署与回收操作管理、计划性操作管理、变更执行操作管理等方面的能力，可以从成功率、完成率、操作时长、准确率等角度评价。

（4）资源管理能力

资源管理能力是指能源大数据中心对软硬件资源的生命周期的管理能力，具体包括资源分配、资源调度、资源库存、维保和供应商资源等方面的管理能力，可以从体系完整性、应用范围、资源使用率等角度评价。

（5）安全管理能力

安全管理能力是指能源大数据中心理解并有效组织执行相关的安全合规审计，定期开展合规审计工作以实现合规达标的管理能力。安全管理能力评价主要包括安全制度、架构安全、资源安全、操作安全、安健环管理等方面。

3）组织治理能力

组织治理能力是指通过建立治理架构，明确职责分工、权责关系，使组织中各部门和成员相互协作配合，有效实现组织目标的能力。组织治理包括治理架构、组织风险管理能力及驱动机制建设。

（1）治理架构

治理架构是指为实现组织目标及资源配置的有效性，对工作任务进行分工、分组和协调合作。治理架构包括各部门的职能管理及各部门间的关系管理。

（2）组织风险管理能力

组织风险管理能力是指能源大数据中心在有风险的环境下将风险可能

造成的不良影响减至最低的能力。组织风险管理主要包括技术风险管理、投资风险管理、决策风险管理、合规管理等。

（3）驱动机制建设

驱动机制包括组织文化管理和绩效管理，即通过深植和持续建设组织文化及绩效机制，确立数据中心的价值核心，为数据中心健康发展营造优良的文化环境，提供有力的思想保障和行为保障。

第 11 章 结 语

在能源大数据时代，一个崭新的能源发展格局正在形成：能源大数据中心通过对海量、实时能源数据的分析和挖掘，更好地指导能源生产与消费，支持能源产业持续健康发展；以能源大数据为基础的能源互联网平台不断发展和完善，广泛地面向政府、企业和公众提供服务，实现了能源大数据价值链的延伸；能源大数据中心以丰富的能源大数据应用为基础，构建了涵盖社会生产、生活的能源大数据产品体系，形成了能源大数据闭环式发展模式，并持续优化与提升。

在新的发展格局下，能源大数据中心要以释放管理体制机制活力为出发点，建立开放、共赢的合作机制，在组织设置、管理流程、制度标准、应用开发等方面持续创新。同时，要以价值创造为核心，围绕能源领域的产业链与价值链，通过资源、客户、数据、系统、业务之间的合作和共享，开拓能源服务的新路径及各种增值服务的新商业模式，带动产业链上下游企业协同发展，构建互相协作、互利共赢的合作新生态。

11.1 省级能源大数据中心发展过程中可能遇到的问题

能源大数据中心在今后的运行过程中可能会遇到一些更为实际的问题，如数据如何接入、业务能力如何沉淀、组织关系如何理顺等。

1) 数据管理方面

首先，能源大数据中心对相关行业的能源数据接入协调难度大、协调周期长，难以便捷高效地获取能源全行业数据。其次，各能源单位数据终端种类不一，数据采集标准、传输协议多种多样，数据采集难度大、采集成本高。最后，随着业务量增大、业务内容越来越复杂，数据结构会越来越混乱，数据安全也将受到威胁，这将制约能源大数据中心的智能化发展。

因此，能源大数据中心需要积极开展数据归集机制、数据采集技术、数据采集标准等方面的研究，有效提升数据的价值。

2）业务管理方面

能源大数据中心通过智能化的数据应用推动业务创新，诠释了数字化转型的内涵，但在实际运营中，若缺少对业务经验和方法论的总结，业务能力和业务数据难以有效沉淀，则会影响数据与业务系统的深度融合，阻碍数据和业务的闭环运行。因此，能源大数据中心需要进一步将业务经验方法论、全域的数据模型与算法模型相结合，构建"业务智能模型"，搭建大数据技术与业务推广应用之间的桥梁。

3）组织管理方面

本书探索建立的基于中台战略的能源大数据中心运营体系，有效地支撑了复杂的、多系统的、数量巨大的、多应用场景的业务形态，但在实际运行中，在组织层面将面临进一步理顺部门间关系的挑战。能源大数据中心可根据自身发展需要，立足"内部培养+外部引进"机制，打造人才梯队，并不断完善绩效考核制度和人才培养制度，提升中心对政府、各能源企业的业务支撑能力，充分发挥能源大数据中心的效能。

11.2 省级能源大数据中心保持持续健康发展的思路

在实际工作中，为推动能源大数据中心的持续健康发展，可以按照以下思路推进能源大数据中心运营模式的构建与运行。

1）整体规划，分段推进

能源大数据中心运营模式的构建需要整体规划，分段推进。其中，中台系统建设需要对原有体系进行系统性改革，前期要进行充分的策划，并在领导层形成共识，同时也需要理性地认识到，中台建设是一个长期过程，需要设计清晰的推进路径与计划，由易及难，逐步迭代。在运营模式构建和推进过程中，要实现数字化文化转型，构建以客户为中心，以数据为驱动，敏捷、创新、协同、充分授权的新型文化，这是运营模式得以实现的前提。

2）以需求引导要素聚集，实现数据与业务深度融合

精准对接市场需求，通过应用赋能驱动能源大数据发展要素集聚。以现有数据为基础，立足自身、聚焦发展，以应用示范带动数据开放，进而

推动应用功能的拓展，通过数据和业务系统的深度融合直接产生效果，让实际业务能够自动化、高效率地运转起来。

3）吸引多方参与，实现合作共赢

吸引有丰富行业经验的社会化资本共同参与，引导多方主体按照市场化原则参与能源大数据中心的建设与运营。鼓励能源产业链上下游之间的数据流动，推进跨领域、跨业务、跨部门的信息资源共享，形成稳定的、深入迭代的螺旋式生态链条。

4）提供政策保障，构建人才培养机制

推动出台相关政策支持文件，促进能源大数据中心持续健康发展，形成具有自我造血能力的可持续发展机制。吸收大量熟悉能源各领域专业业务和技术的人才，建立人才交流机制，提升对政府、各能源企业的业务支撑能力。

参考文献

［1］史丹,王蕾．能源革命及其对经济发展的作用[J]．产业经济研究,
2015(1):1-9.

［2］杜祥琬．能源革命:为了可持续发展的未来[J]．中国人口·资源与
环境,2014,24(7):1-4.

［3］段光正．能源革命:本质探究及中国的选择方向[D]．开封:河南大
学,2017.

［4］张玉卓,蒋文化,俞珠峰,等．世界能源发展趋势及对我国能源革命
的启示[J]．中国工程科学,2015,17(9):140-145.

［5］吴初国,马永欢,张迎新,等．把握新时代我国能源革命的时和
势[J]．宏观经济管理,2019(12):12-17.

［6］朱彤．能源革命的概念内涵、国际经验及应注意的问题[J]．煤炭经
济研究,2014,34(11):10-16.

［7］王美丽．试论第三次能源革命的特征[J]．科技·经济·市场,
2019(12):1-2.

［8］孙宏斌,郭庆来,潘昭光,等．能源互联网:驱动力、评述与展望[J]．
电网技术,2015,39(11):3005-3013.

［9］余晓丹,徐宪东,陈硕翼,等．综合能源系统与能源互联网简述[J]．
电工技术学报,2016,31(1):1-13.

［10］杨方,白翠粉,张义斌．能源互联网的价值与实现架构研究[J]．中
国电机工程学报,2015,35(14):3495-3512.

［11］邓建玲．能源互联网的概念及发展模式[J]．电力自动化设备,
2016,36(3):1-5.

［12］张国荣,陈夏冉．能源互联网未来发展综述[J]．电力自动化设备,
2017,37(1):1-7.

［13］于灏,刘键烨．能源数字经济发展迎来强大推动力[J]．国家电网,
2020(8):48-50.

［14］刘世成,张东霞,朱朝阳,等．能源互联网中大数据技术思考［J］.电力系统自动化,2016,40(8):14-21.

［15］任庚坡．能源大数据应用［J］.张江科技评论,2019(2):44.

［16］郑晓东,胡汉辉,赵林度,等．中国能源大数据获取分析机制研究及实现［J］.电力科学与工程,2017,33(9):1-7.

［17］王旭辉．电力大数据加快向能源大数据升级［J］.能源研究与利用,2020(3):10-11.

［18］北京国电网络技术有限公司．能源大数据时代［M］.北京:人民邮电出版社,2018.

［19］任庚坡,楼振飞．能源大数据技术与应用［M］.上海:上海科学技术出版社,2018.

［20］楼振飞．能源大数据［M］.上海:上海科学技术出版社,2016.

［21］余潇潇,宋福龙,周原冰,等．"新基建"对中国"十四五"电力需求和电网规划的影响分析［J］.中国电力,2021,54(7):11-17.

［22］樊轶侠,孙怡乐,彭聪．"新基建"浪潮下数据中心产业发展痛点及相关政策思路［J］.财会月刊,2021(5):128-133.

［23］毛俊鹏,王祺,朱运涛,等．上海工业能源大数据公共服务平台建设探究［J］.中外能源,2016,21(4):22-27.

［24］杜志强．ITIL在电力企业信息系统运维管理的应用研究［D］.北京:华北电力大学,2014.

［25］戚伟强,沈潇军,洪建光,等．基于ITIL的电力信息自动化运维体系研究［J］.现代电子技术,2017,40(3):153-156.

［26］陈岑．基于流程再造的建设银行A网点运营流程优化研究［D］.南京:南京航空航天大学,2019.

［27］张有根．优化流程管理　提升竞争力［J］.中国石油石化,2014(2):32-33.

［28］陈剑,黄朔,刘运辉.从赋能到使能:数字化环境下的企业运营管理［J］.管理世界,2020,36(2):117-128.

［29］李鹏．智能电网运营管理风险元传递模型及决策支持系统研究［D］.北京:华北电力大学,2014.

［30］于浩淼,赵月芳,陈盟,等.企业中台建设思路与实践方案［J］.电信技术,2019(8):78-80.

［31］朱红甫.打造企业数据中台 推进企业智慧运营［J］.通信企业管理,2018(2):32-33.

［32］王圆圆,邵颖彪,刘万勋,等.电力体制改革背景下的河南电网政策环境研究［J］.中国管理信息化,2019(8):95-96.

［33］邓立君.数据中台与大数据中心分析［J］.电子世界,2019(22):85-86.

［34］袁锐.传统能源行业数据化转型的管理创新探索:以大数据神华为例［J］.现代管理科学,2017(6):55-57.

［35］冯升波,周伏秋,王娟.打造大数据引擎 推进能源经济高质量发展［J］.宏观经济管理,2018(9):21-27.

［36］张星,张岂豪.基于大数据分析的能源综合利用管理思路［J］.商品与质量,2019(6):159.

［37］前瞻产业研究院.大数据在能源领域的应用现状:数据创造更多价值［J］.电器工业,2019(3):44-45.

［38］李金,许中平,周春雷,等.能源大数据共享与运营服务平台应用架构设计［J］.电力与能源,2019,40(5):568-571.

［39］王旭辉.电力大数据加快向能源大数据升级［J］.能源研究与利用,2020,3(4):10-11.

［40］李洋,何宝灵,刘海涛,等.面向全球能源互联网的分布式电源云服务与大数据分析平台研究［J］.电力信息与通信技术,2016,14(3):30-36.

［41］徐景日.大数据时代下的数据中心运维管理［J］.信息与电脑,2020(2):113-115.

［42］金和平,郭创新,许奕斌,等.能源大数据的系统构想及应用研究［J］.水电与抽水蓄能,2019,5(1):1-13.

［43］刘颖慧,刘楠,蔡一欣,等.数字化转型中不同企业的中台战略及架构设计［J］.电信科学,2020,36(7):126-135.

［44］张庆龙.以数字中台驱动财务共享服务数字化转型［J］.财会月刊,2020(19):32-38.

［45］秦海瑞.数据中心服务能力成熟度模型研究［J］.中国金融电脑,2018(9):53-56.

［46］刘敦楠,唐天琦,赵佳伟,等.能源大数据信息服务定价及其在电力市场中的应用［J］.电力建设,2017,38(2):52-59.

［47］魏胜民,袁凯声,于晓鹏,等.河南蓝皮书:河南能源发展报告（2018）［M］.北京:社会科学文献出版社,2018.

［48］马紫琪.大数据产业联盟数据产品及服务定价方法研究［D］.哈尔滨:哈尔滨理工大学,2019.

［49］赵子瑞.我国大数据交易模式研究［D］.上海:上海社会科学院,2018.

［50］翟丽丽,马紫琪,张树臣,等.大数据产品定价问题的研究综述［J］.科技与管理,2018,20(6):105-110.

［51］周云霞.ITSS 数据中心运营评价体系解读［J］.信息技术与标准化,2015(10):41-44.

［52］陈嘉华,李河,马文涛,等.基于成熟度模型的数据中心服务能力研究［J］.信息技术与标准化,2019(10):60-63.

［53］中国信息通信研究院.中国数字经济发展白皮书（2020 年）［R/OL］.（2020-07-08）［2023-05-06］.http://www.caict.ac.cn/kxyj/qwfb/bps/202007/P020200703318256637020.pdf

［54］刘艳,张肖会,吴丽.大数据与产业融合发展［J］.天津科技,2021,48(12):4-6.

［55］李勇坚.我国数字经济发展现状、趋势及政策建议［J］.科技与金融,2021(11):24-33.

［56］汤颖诗.数字经济发展现状与发展趋势探索［J］.中小企业管理与科技,2021(11):44-45.

［57］蔡泽祥,李立涅,刘平,等.能源大数据技术的应用与发展［J］.中国工程科学,2018,20(2):72-78.

［58］王磊.能源大数据中心建设运营思路研究［J］.中国新技术新产品,2021(3):126-128.

［59］夏义堃.数据管理视角下的数据经济问题研究［J］.中国图书馆学报,2021,47(6):105-119.

［60］冯艳艳.数据经济时代下的个人信息权构建［J］.广西社会科学,2019(8):104-109.